Vladimir Nabokov

Vladimir Nabokov

Sein Leben in Bildern und Texten

Herausgegeben von Daniela Rippl

Alexander Fest Verlag

Einleitung [6]

1 Rußland:
Jüngling, Millionär,
Dichter [14]

2 Cambridge:
Der Student Vladimir Nabokoff [54]

3 Berlin, Paris:
W. Sirin, der unbekannte
Klassiker [72]

4 Amerika:
Professor Nabokov [112]

5 Montreux:
Der Autor *Lolitas* [160]

Anhang [204]
Editorische Notiz
Zitatnachweis
Bildnachweis
Danksagung

Einleitung: Bezauberndes Lexikon des Exils

Nichts auf Erden ist wirklich wichtig, es gibt nichts zu fürchten, und der Tod ist nur eine Stilfrage, ein bloßer literarischer Kunstgriff, eine musikalische Auflösung.

Eine farbige Spirale in einer kleinen Glaskugel, so sehe ich mein eigenes Leben. Die zwanzig Jahre, die ich in meiner russischen Heimat verbracht habe (1899–1919), wären dann der thetische Bogen. Einundzwanzig Jahre freiwilligen Exils in England, Deutschland und Frankreich (1919–1940) bilden dazu die offensichtliche Antithese. Die Periode, die ich in meiner Wahlheimat verbracht habe (1940–1960), bildet eine Synthese – und eine neue These.

Vladimir Nabokov, *Erinnerung, sprich*

Am 29. Juni 1929 schlendern ein Mann und eine Frau verliebt durch die Berliner Nacht. Auf der Suche nach einem Restaurant finden sie, zwei Haltestellen hinter dem Potsdamer Platz in Richtung Kanal, ein kleines Etablissement mit sechs Tischen. Während des Abendessens sprechen sie über ihre gemeinsame Zukunft, ihre Pläne, darüber, wie die Kunstgriffe des Schicksals sie auf Umwegen zusammengebracht haben. Es sind Sina Merz und Fjodor Graf Godunow-Tscherdyntsew, russische Emigranten, beide seit mehreren Jahren im Berliner Exil. Sina, die als Sekretärin arbeitet, unterstützt Fjodor, einen jungen Autor, und fordert ihn immer wieder auf, etwas »Gewaltiges zu schreiben, das allen den Atem verschlägt«. Und plötzlich, während sie noch reden, steht Fjodor die Grundidee seines nächsten Romans klar vor Augen. Als er Sina gleich darauf die Komposition des Buchs erläutert, vergleicht er sie mit jenen Schachzügen des Schicksals, die zu ihrer Begegnung geführt haben; sein eigentliches Ziel aber, erklärt er, sei »eine endgültige Diktatur über die Wörter«[1].

Das ist die Schlußszene von Nabokovs letztem russischem Roman *Die Gabe*, begonnen 1935 in Berlin, beendet 1937 an der französischen Riviera. Wie andere Szenen aus Nabokovs in Berlin entstandenen Romanen spiegelt sie bestimmte Facetten einer Welt, in die der gebürtige St. Petersburger und seine Frau Véra nach ihrer Flucht aus Rußland verschlagen worden sind. Zugleich verweist sie auf etwas, das erst sehr viel später eintrat: Nabokovs literarischen Durchbruch. Denn anders als er es gehofft hatte, sollte dieser Durchbruch nicht dem Erscheinen von *Die Gabe* folgen, sondern sich erst Jahre später an einem Ort einstellen, der von Nabokovs Heimat, ihren Anschauungen, ihrer scheinbar so festgefügten Lebensweise noch viel weiter entfernt lag als das verhaßte Berlin der ersten Emigrationsjahre. Der Ruhm überraschte Nabokov: Als er 1958 mit *Lolita* für den neunundfünfzigjährigen, in Cornell lebenden Schriftsteller doch noch kam, besaß er alle Anzeichen dessen, was man mit Recht einen Knalleffekt nennen kann – viel vordergründige Empörung, viel enthusiastische Zustimmung, ein gewaltiges Vibrato in Presse und Wissenschaft, ja in der ganzen Öffentlichkeit. Damit hatte selbst Nabokov nicht gerechnet. Und doch paßt diese Täuschung zu einem Autor, der gerade dies zu einem immer wiederkehrenden Thema seiner Bücher gemacht hat: Täuschung und Verwirrspiel, Aufschub des Dringlichen, Nichteintreten des Erwarteten und plötzlicher Eintritt des Unerwarteten. Leben und Werk scheinen in dieser Hinsicht durchaus zur Deckung zu kommen.

Synkopische Befriedigung

Aus dem Interesse für Täuschung und Selbsttäuschung erklärt sich zugleich eine der bewundernswürdigsten Wirkungen von Nabokovs Kunst: Möglichkeitssteigerung durch unentwegtes Revirement aller Bedeutungen. Ein paar Sätze genügen diesem Schriftsteller, um die Konstellationen seiner Romane von Grund auf zu ändern, scheinbar Sicheres ungewiß, scheinbar Unwahrscheinliches zur Gewißheit zu machen. Nabokov lesen heißt deshalb, sich durch Schichten einer in unablässigem Wandel begriffenen Wirklichkeit zu bewegen: Gerade glaubt man sich mit dem Geschehen und seinen Figuren vertraut gemacht zu haben, da ändert sich alles, in plötzlichem Umschwung ordnen sämtliche Bestandteile der Handlung sich neu, und man ist gezwungen, sich abermals, als begänne alles noch einmal von vorn, zurechtzufinden.

Viel spricht dafür, in dieser Eigenart der Nabokovschen Bücher eine ferne, ins Artistische übersetzte Spiegelung seiner Lebensgeschichte zu sehen. Immer wieder nämlich war auch die Biographie Nabokovs von dem Zwang bestimmt, sich aufs neue zurechtzufinden, neue Orientierungen zu gewinnen, und mit einigem Recht läßt sich behaupten, daß auch er selbst, nicht anders als die Geschöpfe seiner unermüdlich Fiktionen schaffenden Arbeit, dabei durch so viele Schichten der Wirklichkeit hindurchgegangen ist, wie zwischen dem revolutionsgepeinigten St. Petersburg von 1917 und dem von Gleichmaß und Ruhe eingehüllten Universitätsstädtchen Cornell im amerikanischen Bundesstaat New York liegen, wo Nabokov seit 1948 einen Lehrauftrag für russische Literatur hatte.

Nabokov allerdings hat die Bedeutung persönlicher Erfahrungen für sein Schreiben zeitlebens ebenso herausgestellt wie im einzelnen unkenntlich gemacht. »Mußte man die Sehnsucht nach dem Heimatland nicht ein für allemal verwerfen«, fragt Fjodor in *Die Gabe*, »nach jeder Heimat außer der einen, die bei mir ist, die wie der silberne Meeressand an der Haut meiner Fußsohlen haftet, in meinen Augen, meinem Blut lebt, die dem Hintergrund einer jeden Lebenshoffnung Tiefe und Weite verleiht?«[2] Noch im Vorwort zu *Lolita* bezeichnet Nabokov seinen Wechsel von der russischen zur englischen Sprache als »private Tragödie, die niemanden etwas angehen kann, ja angehen sollte«[3], und an anderer Stelle hat er, den Abwehrgestus mit etwas wie ironischer Süffisanz vertauschend, geschrieben: »Der Bruch in meinem Leben gewährt mir in der Rückschau eine synkopische Befriedigung, die ich um keinen Preis missen möchte.«[4] Tatsächlich hat Nabokov seine Verzweiflung über den gewalttätigen Entzug der Heimat und der Muttersprache bewältigen können, indem er das Verlustgefühl in die Kunst umleitete. Einsamkeit, Fremdheit, Isolation sind seitdem Voraussetzungen seines Schreibens, weshalb auch für ihn gilt, was Fjodor in *Die Gabe* einmal von seiner »wunderbaren Einsamkeit« sagt, »dem wunderbaren, wohltuenden Kontrast zwischen meinem inneren Habitus und der schrecklich kalten Welt um mich herum«.[5] Für Nabokov wird das Exil zur Bedingung seiner Kunst, seine Kunst zur Bedingung persönlichen Glücks. Nur im Schreiben ist er, wie er wiederholt sagt, zu Hause, nur im Schreiben kann er bewahren, was er verloren hat, kann es vor dem Vergessen retten und sich zugleich die Hoffnung erhalten, eines Tages doch noch nach Rußland zurückzukehren. Sein Ebenbild Fjodor sagt dazu: »Natürlich ist es für mich leichter als für andere, außerhalb Rußlands zu leben, denn ich weiß mit Bestimmtheit, daß ich

zurückkehren werde – erstens, weil ich die Schlüssel zu ihm mitgenommen habe, und zweitens, weil ich – ganz gleich wann, in hundert, zweihundert Jahren – dort in meinen Büchern leben werde oder zumindest in der Fußnote eines Wissenschaftlers.«[6]
Auch Nabokov ist nur in Gestalt von Büchern in sein Geburtsland zurückgekehrt. Jahrzehntelang hatte er mit anderen russischen Klassikern wie Bulgakow, Pasternak und Solschenizyn das Schicksal geteilt, in seiner Heimat weder gelesen noch veröffentlicht werden zu dürfen, und zu Lebzeiten hat sich sein Wunsch, wenigstens *Lolita* noch ins Russische übersetzt zu sehen, nicht erfüllt. Erst Ende der achtziger Jahre hat man sich in Rußland eines Besseren besonnen: Seitdem werden Nabokovs Texte dort gedruckt, und heute gibt es in der russischen Umgangssprache sogar ein Wort, mit dem die Wiederentdeckung eines verlorenen literarischen Erbes beschrieben wird: »Nabokowschtschina«. In diesem Sinne sagt Andrej Bitov, selbst ein bedeutender Romancier: »Wir erkennen [bei Nabokov] das wieder, was wir selbst vergessen haben, wir erkennen unsere Erinnerungen (ohne ihn würden wir uns nicht erinnern) an unser Leben wieder – nicht an das durchlebte allerdings, eher an das versäumte –, als wären wir Emigranten im eigenen Land. Nabokov erinnerte sich an alles und vergaß nichts. Er hat eine solche Quantität und Qualität von Lebenseinzelheiten wiederhergestellt, daß das, was durch eine ziemlich unaufmerksame, gesättigte Weltliteratur beiseite gelassen wurde, unter seiner Feder regelrecht lebendig wird. Und wie jeder andere Imperator hat er sich dabei bestimmte Dinge angeeignet: den Schmetterling, das Nymphchen, die Nicht-Begegnung, das Ereignis, den Zufall, die Verspätung, den Fehler ... Aus diesen Dingen knüpfte er, der Dichter der Nicht-Begegnung, ein Gewebe, in dessen Dunstschleier wir die Welt nicht vernebelt, sondern deutlicher sehen.«[7] Nabokov hat – um Bitovs Gedanken weiterzuführen – für seine Welt ein eigenes Lexikon geschaffen und damit den Wunsch seiner Romanfigur Fjodor erfüllt, »eine endgültige Diktatur über die Wörter« zu erlangen. Es ist ein bezauberndes Lexikon, und es rückt die Bedeutung des Begriffs Exil in ein ganz neues Licht.

Kosmos der Synchronisation

»Ein bedeutender Schriftsteller«, schreibt Nabokov, »vereinigt Geschichtenerzähler, Lehrer, Magier in sich – aber das Übergewicht hat der Magier, der Zauberer ...«[8]
Auch Nabokov hat in seinem Roman eine magische Welt entstehen lassen, deren Durchquerung aufmerksame Leser verlangt, Teilhabende an einer poetischen Schöpfung, in der Leben und Kunst ein dramatisches

Wechselspiel eingehen, Teilhabende auch an einem Sprachspiel, das die Sinne täuscht und die Wirbelsäule, um einen Nabokovschen Lieblingsausdruck zu verwenden, »prickeln« läßt.

Es ist ein Zauber, der sich in mancher Hinsicht der eigenwilligen Behandlung des Lebensstoffs Zeit verdankt, die dieser Schriftsteller nicht bloß erzählerisch vorexerziert, sondern auch – halb philosophisch, halb religiös – begründet und umschrieben hat. Stillstand an der Grenze zwischen Diesseits und Jenseits – das nennt Nabokov Zeit. Kraftvoll polemisiert er gegen chronologische Zeitvorstellungen und verwirft «ohne Skrupel den künstlichen Begriff von raum-befleckter, raum-schmarotzter Zeit, die Raum-Zeit der Relativisten-Literatur«[9]. Statt dessen sieht er im menschlichen Leben eine unablässige Überblendung von Vergangenheit, Gegenwart und Zukunft, aus der ein »Kosmos der Synchronisation« entsteht.

Dergleichen kann freilich nur die Kunst, nicht eine biographische Studie wie diese verwirklichen: Der Biograph bleibt dem Takt der Lebenschronologie immer unterworfen. In gewisser Weise entspricht sein Verfahren deshalb jener »irrigen Vorstellung von der Zeit als einer Art Wachstum«, in der Fjodor in *Die Gabe* nichts sieht als »eine Folge unserer Endlichkeit, die, da sie sich immer auf der Ebene der Gegenwart befindet, sich als ständigen Aufstieg zwischen dem wässerigen Abgrund der Vergangenheit und dem luftigen Abgrund der Zukunft versteht. Das Dasein ist somit eine ewige Verarbeitung von Zukunft und Vergangenheit – im wesentlichen ein gespenstischer Prozeß –, ein bloßes Abbild stofflicher Metamorphosen, die sich in uns abspielen. Unter diesen Umständen läuft der Versuch, die Welt zu begreifen, darauf hinaus, das zu begreifen, was wir selber absichtlich unbegreiflich gemacht haben. Die Absurdität, zu der das forschende Denken gelangt, ist nur ein natürliches Gattungsmerkmal dessen, daß es dem Menschen eigen ist, und seine Suche nach Antwort ist das gleiche wie die Aufforderung an eine Hühnerbrühe, mit dem Glucken zu beginnen.«[10]

Tatsächlich ist dies genau die Aufgabe, die das vorliegende Buch sich gesetzt hat: Es will die Hühnerbrühe noch einmal zum Glucken bringen. Erscheinend zum hundertsten Geburtstag eines einzigartigen Klassikers dieses Jahrhunderts, will es dessen Weg von der Kindheit in Rußland über die Universitätszeit in England, die Emigration der dreißiger Jahre in Berlin und Paris, über diverse Stationen in den Vereinigten Staaten bis hin zu jenem idyllischen Schweizer Ort Montreux verfolgen, an dem Nabokov seine letzten Jahre verbracht hat. Zu diesem Zweck versammelt es eine Reihe von Photographien, einige Dokumente und Briefe sowie Zitate aus dem Werk. Dabei sollen Bild und

Text in eine Konstellation treten, die durch thematische Schwerpunkte die Vielschichtigkeit eines virtuos dreisprachigen Autors zum Ausdruck bringt, immer anhand der Frage, wie aus dem jungen Petersburger Millionär der russische Exilschriftsteller W. Sirin, aus diesem wiederum der amerikanische Bestsellerautor Vladimir Nabokov werden konnte. Es ist klar: All dies ist eine mitunter gewagte, notwendigerweise mit manchen Verkürzungen operierende Zusammenfassung eines im Äußeren wie Inneren überreichen Lebens und hätte ohne weiteres umfassender, breiter ausfallen können. Aber der Zusammenhang eines Lebens, seine verschiedenen Phasen wie die Brüche, die sie trennen, lassen sich durch Details bloß bereichern, nicht herstellen. Nur letzteres aber ist die Absicht dieser Biographie aus Bildern und Texten. Und wenn dabei etwas vom individuellen Zauber des Nabokovschen Genies, von der Geschichte seines literarischen Stils, seiner Bildersprache, seiner Präzision als Künstler und seiner Leidenschaft als Wissenschaftler, ja überhaupt von der geheimnisvollen Klarheit dieses Lebenswerkes deutlich würde, wäre schon viel erreicht. Das wahre Rätsel, das Nabokov seinen Lesern aufgibt, wird sich auch hier nicht lösen lassen.

1 Vladimir Nabokov: *Die Gabe*, in: *Gesammelte Werke*, Band IV, hg. von Dieter E. Zimmer, Reinbek 1993, S. 594. Alle folgenden deutschen Textzitate von Nabokovs Werken entstammen dieser Ausgabe.
2 *Die Gabe*, S. 285.
3 »Über ein Buch mit dem Titel *Lolita*«, in *Lolita*, *Gesammelte Werke*, Band VIII, hg. von Dieter E. Zimmer, Reinbek 1995, S. 507–518, S. 518.
4 *Erinnerung, sprich*, in: *Gesammelte Werke*, Band XXII, hg. von Dieter E. Zimmer, Reinbek 1991, S. 337.
5 *Die Gabe*, S. 571.
6 Ebd., S. 571 f.
7 Andrej Bitov: »Jasnost' bessmertija« (»Die Klarheit der Unsterblichkeit«). In: V. V. Nabokov: Pro et contra. *Ličnost' i tvorčestvo Vladimira Nabokova v ocenke russkich i zarubežnych myslitelej i issledovatelej. Antologija*, St. Petersburg 1997, S. 12–24, S. 13.
8 »Gut lesen und gut schreiben«, in: *Meisterwerke der europäischen Literatur*, Frankfurt am Main 1991, S. 31.
9 *Ada oder das Verlangen*, übers. von Uwe Friesel und Marianne Therstappen, Reinbek 1977, S. 412.
10 *Die Gabe*, S. 558.

1 Rußland: Jüngling, Millionär, Dichter

Man gebe mir nur irgend etwas auf irgendeinem Kontinent, das der Landschaft um St. Petersburg gleicht, und mein Herz wird schmelzen.

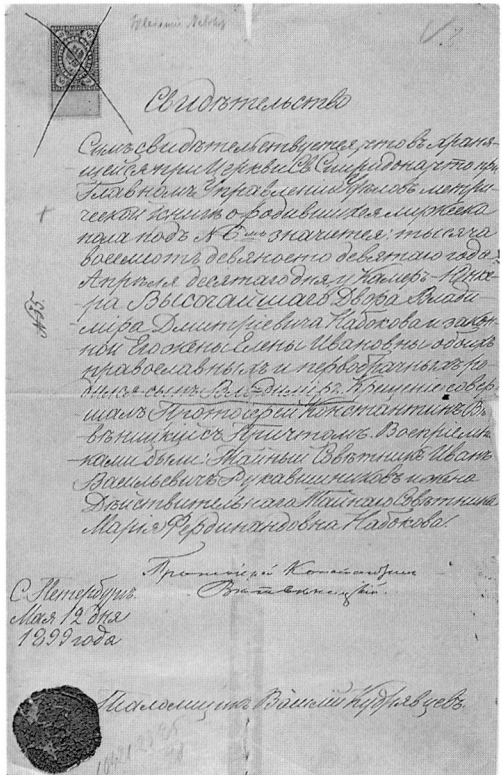 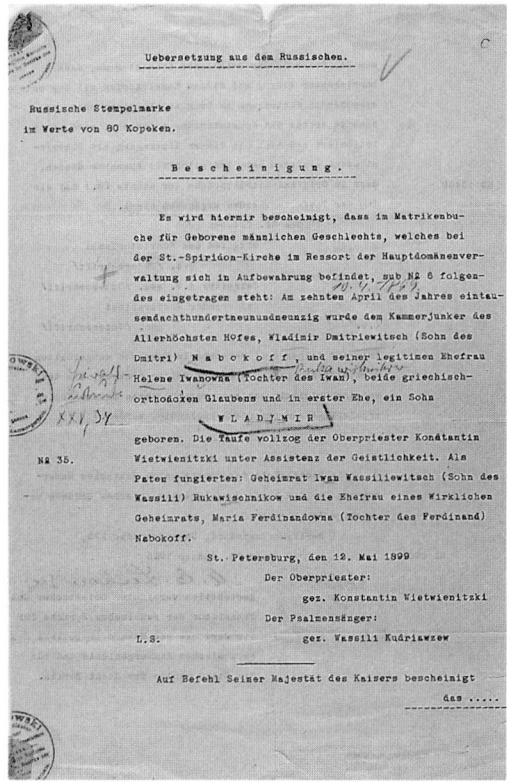

Vladimir Vladimirowitsch Nabokov kommt am 23. April 1899 in St. Petersburg zur Welt, im zweiten Stock im östlichen Zimmer des Stadthauses der Familie. »Im neunzehnten Jahrhundert hinkten wir dem Rest der zivilisierten Welt um zwölf Tage hinterher und mit Beginn des zwanzigsten um dreizehn«, schreibt Nabokov über die komplizierte Datierung seines Geburtstages, »nach dem alten Stil wurde ich am 10. April im letzten Jahr des letzten Jahrhunderts bei Tagesanbruch geboren, und das war (hätte man mich auf der Stelle über die Grenze katapultieren können) beispielsweise in Deutschland der 22. April; doch da alle meine Geburtstage, und zwar mit abnehmendem Gepränge, im zwanzigsten Jahrhundert gefeiert wurden, zählten jedermann und ich selber ebenfalls dreizehn Tage und nicht zwölf zum 10. April hinzu, als Revolution und Exil mich aus dem Julianischen in den Gregorianischen Kalender versetzt hatten. Es ist ein gravierender Fehler. Was ist zu tun? In meinem Paß finde ich als Geburtsdatum ›23. April‹, und das ist auch der Geburtstag von Shakespeare, meinem Neffen Vladimir Sikorski, Shirley Temple und Hazel Brown (mit der ich mir außerdem noch den Paß teile). Dies also ist das Problem. Rechnerisches Ungeschick hindert mich daran, seine Lösung auch nur zu versuchen.«

Früh schon erweist sich der kleine Vladimir als musisches Talent. Synästhetische Wahrnehmung und ein photographisches Gedächtnis sind erste Anzeichen seiner großen Begabung. Als Siebenjähriger beginnt er, Schmetterlinge zu jagen; etwa mit fünfzehn schreibt er sein erstes Gedicht; zwei Jahre darauf wird sein erster Gedichtband veröffentlicht. Zwei Leidenschaften, die sein ganzes weiteres Leben bestimmen werden: »Meine Freuden sind die stärksten, die der Mensch kennt, Schmetterlingsjagd und Schreiben«, scherzt er später in einem Interview.

Nabokovs Familie gehört zu den reichsten in Rußland, zu jenen kultivierten, liberalen und kosmopolitischen Familien, die nach der Revolution von 1917 aufhören zu existieren. Der Vater, schon aus politischer Sympathie den britischen, demokratischen Verhältnissen zugeneigt, ist emphatischer Anglomane und zieht mit englischen Kindermädchen, Büchern und Alltagsgegenständen die Kultur des westlichen Europa ins Haus. Nabokovs Kindheit ist schattenlos glücklich – so jedenfalls sieht er selbst es. Durch die Erfahrungen der Emigration noch zusätzlich verklärt und mit der Kostbarkeit dessen versehen, was reine Erinnerung ist und nie mehr zurückzuholen, frei von Einschüssen ungeklärter Wirklichkeit und aus den getrübten Perspektiven des Lebens herausgehoben

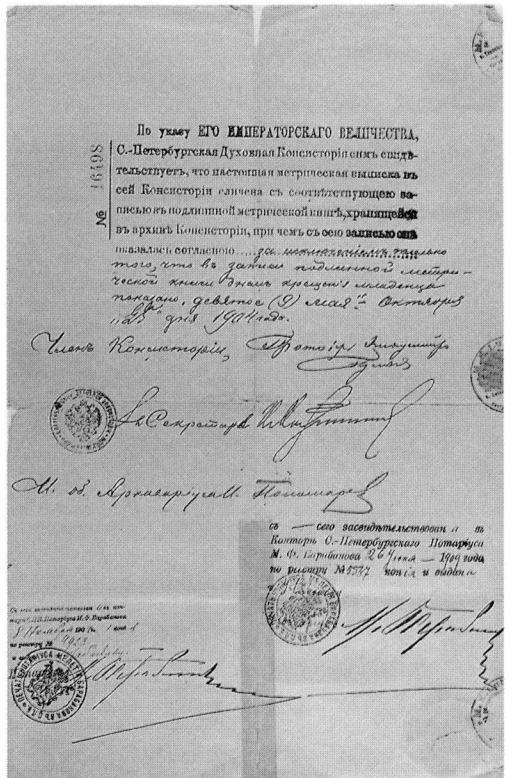
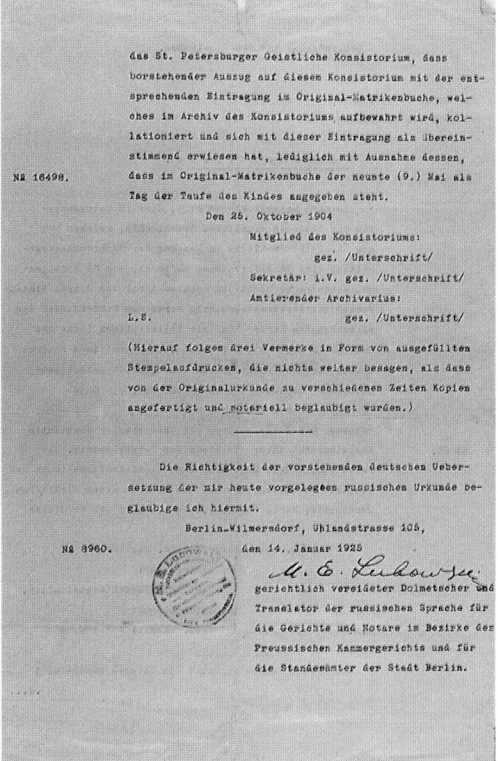

wie die Literatur, die Kunst selbst, hat diese Kindheit den Autor Nabokov immer wieder mit Bildern des Glücks versorgt. Noch der Beginn von *Ada oder das Verlangen*, seinem letztem veröffentlichten Werk, beschwört mit einem travestierten Tolstoj-Zitat das Kindheitsparadies: »Alle glücklichen Familien unterscheiden sich mehr oder weniger; alle unglücklichen ähneln sich mehr oder weniger.«

Umgeben von einer Heerschar von Dienern, zählt die Familie zu den wenigen, denen eine luxuriöse, gleichsam viktorianische Lebensform vergönnt ist: »Pears's Seife, pechschwarz im Trockenzustand und topasfarben, wenn man sie zwischen nassen Fingern gegen das Licht hielt, besorgte das Morgenbad. Wohltuend war das abnehmende Gewicht der zusammenfaltbaren Badewanne, wenn man sie dazu brachte, ihre Gummiunterlippe vorzuschieben und ihren schaumigen Inhalt in den Spüleimer zu ergießen. ›Die Creme konnten wir nicht verbessern, darum verbesserten wir die Tube‹, war auf der englischen Zahnpasta zu lesen. Zum Frühstück umwickelte Golden Syrup, aus London importiert, mit seinen leuchtenden Windungen den rotierenden Löffel, von dem sich genug auf eine Scheibe russischen Butterbrots hinabgeschlängelt hatte. Alle Arten wohlgefälliger, anheimelnder Dinge kamen in steter Prozession aus dem englischen Laden auf dem Newskij-Prospekt: *fruitcake*, Riechsalze, Spielkarten, Puzzlespiele, gestreifte Blazer, puderweiße Tennisbälle.« Von englischen und französischen Gouvernanten erzogen, beherrscht Nabokov schon als Sechsjähriger Englisch und Französisch fließend, sogar Lesen und Schreiben lernt er zuerst im Englischen, viel früher als in seiner Muttersprache. »Mein Kopf sagt Englisch, mein Herz Russisch, mein Ohr Französisch«, charakterisiert er seine Dreisprachigkeit. Bis zu seinem zwölften Lebensjahr unterrichten ihn Privatlehrer; 1911 kommt er in die elitäre, aber liberale Tenischew-Schule. Eines seiner Zeugnisse beurteilt ihn als »fanatischen Fußballspieler, ausgezeichneten Schüler, von beiden Lagern seiner Mitschüler geachtet, immer bescheiden, ernsthaft (aber einem Scherz nicht abgeneigt), hinterläßt er einen äußerst angenehmen Eindruck durch seine moralische Aufrichtigkeit«.

Paris, Nizza, Biarritz, Rom, Abbazia, Wiesbaden, Bad Kissingen, Berlin heißen die

Orte, in die Nabokov schon als Kind reist. Aber am liebsten ist ihm Wyra, der Sommersitz der Familie außerhalb von St. Petersburg. Hier fängt er seinen ersten Schmetterling, hier schreibt er seine ersten Gedichte, hier hat er seine ersten Liebesabenteuer. Wyras landschaftliche Schönheit speist seine kindlichen Eindrücke wohl am nachhaltigsten. Er speichert sie in einer »Tasche von schwarzem Samt«, in der sie wie ein Schatz lagern: »Diamanten, die ich später an meine Figuren verschenkte, um die Bürde meines Reichtums zu erleichtern.«

Durch die Revolution seiner Heimat und seines Vermögens für immer beraubt, hängt Nabokov mit einer »rückgewandten Inständigkeit«, die wohl auch auf den Einfluß seiner Mutter zurückzuführen ist, fortan an der Vergangenheit. Die Beziehung zwischen Erinnertem und Erzähltem, die Reflexion über das Schreiben selbst und über eine jenseitigen Welt wird deshalb zum wesentlichen Bestandteil seiner Texte. Auf diese Weise ist das Damals aufgehoben im Jetzt, in der Gegenwart der geschriebenen Bilder, die ihrerseits eine mythopoetische Welt entwerfen, losgelöst von Raum und Zeit: das romantische Land der Erinnerung, während das Heimweh ihm »sein ganzes Leben lang als verrückter Begleiter zur Seite blieb«, wie er die Hauptfigur seines ersten Romans sagen läßt. In dem Gedicht *An Rußland* bittet er seine Heimat unter Tränen, von ihm abzulassen, und noch Jahre später bezeichnet er seine russischen Texte als persönliche »Huldigung an Rußland«.

Moment einer glücklichen Kindheit:
1901, zu einer Zeit, da Lenin aus der ersten Verbannung zurückkehrt und Stalin in Georgien sein Priesterseminar verläßt, um in den Untergrund zu gehen, sitzt der zweijährige Vladimir Vladimirowitsch Nabokov, in weiße Spitzen gehüllt, auf der sonnigen Terrasse seines Elternhauses.

Noch mehr als der Vater hat die Mutter Nabokovs zum unerhörten Reichtum der Familie beigetragen, der nicht zuletzt im Petersburger Geburtshaus des Dichters in der Morskaja-Straße 47 Ausdruck gefunden hat. Das Zimmer Vladimirs befand sich im dritten Stock über dem Erker. Nur wenig hat das behütete Kind von der Unruhe erfahren, die seine Zeit prägte, erkennbar auch in den Namensänderungen der Bolschaja Morskaja, die 1902 zur Uliza Morskaja und 1924 zur Uliza Gerzena wurde, zur »Herzenstraße«. Die Benennung bezieht sich auf Alexander Herzen (1812–1870), den großen Liberalen und Schriftsteller, einen der Lieblingsautoren von Nabokovs Vater. Schon Mitte des 19. Jahrhunderts hatte er gesagt, der Untergang Rußlands stehe bevor, wenn ein »neuer Dschingis Khan mit Telegraphen« erscheine, und immer wieder hat man in diesem Satz eine Prophezeiung der von Lenin durchgeführten Elektrifizierung der Sowjetunion gesehen.

In meiner Erinnerung sind Häuser so lautlos wie in den Stummfilmen von einst zusammengestürzt.

Am 14. November 1897 hatte Jelena Iwanowna Rukawischnikow, geboren am 29. August 1876 als Tochter eines über die Maßen reichen Landbesitzers, den Rechtswissenschaftler, Publizisten und Staatsmann Wladimir Dmitrijewitsch Nabokow geheiratet. Sechzehn Monate später kam ihr erster Sohn Vladimir zur Welt, an dem sie mit nahezu abgöttischer Liebe hing, und umgekehrt hat auch dieser, ähnlich wie Marcel Proust, zeitlebens von der Mutterliebe als einer nie versiegenden Quelle der Lebensbejahung und des Selbstbewußtseins gezehrt.

Wladimir Nabokow, der Vater, war am 20. Juli 1870 in Zarskoje Selo bei St. Petersburg geboren worden. Sein Sohn schreibt über ihn und seine Anglomanie: »In den ersten dreizehn Lebensjahren wurde er zu Hause von französischen und englischen Gouvernanten und von russischen und deutschen Hauslehrern erzogen; einer der letzteren steckte ihn mit der passio et morbus aureliani an, die er an mich weitervermachte.«

Die Aufnahme zeigt die Eltern um 1900 in Wyra, ihrem Landsitz im Gouvernement St. Petersburg.

General Iwan Alexandrowitsch Nabokow,
1787 bis 1852, der Urgroßonkel

Die Ursprünge seiner Familie hat Nabokov in *Erinnerung, sprich* rekonstruiert. Der Legende nach gilt Nabok Murza, ein russifizierter Tatarenfürst aus der Moskowei, der in der zweiten Hälfte des 14. Jahrhunderts lebte, als Gründer des Geschlechts. Seit dem 15. Jahrhundert besaßen die Nabokows dann Land im Fürstentum Moskau; so jedenfalls geht es aus einem Dokument hervor, das einen Luka Nabokow anläßlich eines nachbarlichen Streits erwähnt. Herausgehoben aus der Familiengeschichte, von Nabokov sogar mit der Aura des Heldenhaften umgeben, ist Iwan Alexandrowitsch Nabokow. Er zeichnete sich im Krieg gegen Napoleon aus und wurde später Kommandant der Peter- und-Pauls-Festung, wo 1849 Fjodor Dostojewski einer seiner Gefangenen war. Verheiratet war er mit der Schwester von Iwan Puschtschin, einem Freund Puschkins und Teilnehmer am Aufstand der sogenannten Dekabristen, die sich 1825 gegen das Zarenregime erhoben.

Auch das zeigt, daß die Nabokows von jeher eine liberale, im Politischen kämpferische Familie waren, ganz gemäß dem Motto, das sie in ihr Wappen aufnahmen: *Sa chrabrost*, »Nur Mut«. Mit der ihm eigenen Selbstironie schreibt Nabokov über dieses Wappen: »Ein unerfahrener Heraldiker ähnelt einem mittelalterlichen Reisenden, der aus dem Osten eben jene Faunaphantastereien zurückbringt, die seinem eigenen heimatlichen Bestiarium entstammen, und nicht die Ergebnisse unmittelbarer zoologischer Erkundung. So kam es, daß ich …, als ich das Nabokowsche Familienwappen beschrieb (das ich viele Jahre zuvor unter diversem Familientrödel ohne besondere Aufmerksamkeit in Augenschein genommen hatte), irgendwie das Kunststück fertigbrachte, es in ein Kaminwunder zweier Bären zu verdrehen, zwischen denen ein großes Schachbrett steht. Inzwischen habe ich es nachgeschlagen, dieses Wappen, und zu meiner Enttäuschung schrumpft es zu einem Paar Löwen zusammen – bräunliche und vielleicht etwas zu zottige Viecher, doch nicht wirklich bärenhaft …«

Sie klagte allen Verwandten über die dunklen Mächte, die ihren Lieblingssohn dazu verführt hatten, die »großartige« Karriere im Dienste des Zaren, welche seine Vorfahren verfolgt hatten, zu verschmähen. Besonders schwer wollte ihr in den Kopf, daß mein Vater, von dem sie wußte, daß er all die Annehmlichkeiten des Reichtums durchaus zu schätzen wußte, imstande war, seine Vorteile aufs Spiel zu setzen, indem er Liberaler wurde und damit eine Revolution herbeizuführen half, die ihn am Ende, wie sie richtig voraussah, bettelarm machen würde.

Die Großeltern väterlicherseits:
Maria Nabokow, geborene Baronin von Korff, 1842 bis 1926, und ihr Mann Dimitrij Nikolajewitsch Nabokow, 1827 bis 1904

Jahrhundertelang waren die Nabokows in erster Linie Beamte und Militärs. Der Großvater Vladimirs etwa diente von 1878 bis 1885 als Justizminister unter den Zaren Alexander II. und Alexander III., der ihn, seiner augenscheinlich allzu fortschrittlichen Ansichten wegen, in aller Höflichkeit zur Abdankung aufforderte. »Dmitrij Nabokow tat, was in seinen Kräften stand, um die liberalen Reformen der sechziger Jahre (ordentliche Schwurgerichtsverfahren beispielsweise) gegen wüste reaktionäre Angriffe in Schutz zu nehmen, wenn nicht zu stärken.« Nach seinem Rücktritt lebte er fast ausschließlich im Ausland. Dem angebotenen Grafentitel zog er die gutdotierte Abfindung vor, die der Zar ihm offerierte, um beachtliche Schulden zu decken, die durch die Haushaltsführung seiner jungen Frau entstanden waren.
Maria Baronin von Korff, die Großmutter Vladimirs, wurde als siebzehnjähriges Mädchen mit dem fast doppelt so alten Dmitrij Nabokow verheiratet, dem Liebhaber ihrer Mutter, und zwar ausschließlich und in aller Offensichtlichkeit zu dem Zweck, daß diese und Dmitrij ungestört eine Liebesreise nach Paris unternehmen konnten. Maria, Anstandsdame und künftige Braut zugleich, fand aus verständlichen Gründen wenig Gefallen an ihrer Rolle; trotzdem heiratete sie Dmitrij Nabokow 1859: Schließlich

konnte er ihr ein Leben in höchsten gesellschaftlichen Kreisen bieten. Und als sie mit ihm kurz nach der Hochzeit in eine andere Stadt zog, endete auch sein Verhältnis mit ihrer Mutter.

Maria Nabokow war von den vier Großeltern Vladimirs die einzige, die dieser noch längere Zeit erlebte, nicht wenig beeindruckt von ihrer respektgebietenden Erscheinung und der hochherrschaftlichen Ungeniertheit, mit der sie ihre Schrullen zur Schau trug. Ihren Mann hatte sie kurz nach der Revolution verloren, zu einer Zeit, da er schon mehr und mehr der Verwirrung des Alters erlag. Immer häufiger war er bewußtlos, worüber Nabokov schreibt: »Während einer solchen Periode wurde er in seine Stadtwohnung am Schloßquai in St. Petersburg zurückgebracht. Als er langsam wieder zu Bewußtsein kam, tarnte meine Mutter seine neue Behausung so, daß sie aussah wie sein Schlafzimmer in Nizza. Es ließen sich einige ähnliche Möbelstücke auftreiben, ein Bote schaffte eigens aus Nizza eilig eine Reihe von Gegenständen zur Stelle, die Blumen, an die seine dämmernden Sinne gewöhnt waren, wurden in aller Mannigfaltigkeit und Fülle besorgt, und der Teil einer Hauswand, die man vom Fenster aus sehen konnte, wurde blendend weiß gestrichen, so daß er sich in seinen vergleichsweise lichten Momenten sicher an der vermeintlichen Riviera wiederfand, die meine Mutter ihm kunstvoll eingerichtet hatte; und eben dort verschied er am 28. März 1904 auf den Tag genau achtzehn Jahre vor meinem Vater in Frieden.«

Wladimir Dmitrijewitsch Nabokow, der
Vater des Autors, um 1885 mit seinen
Brüdern Dmitrij, Konstantin und Sergej
(von links)

Mein Vater war gerade dabei, das Dritte
Gymnasium abzuschließen und erstaunlich
jung mit dem Studium zu beginnen. Onkel
Konstantin, elf oder zwölf Jahre alt, wurde
noch zu Hause unterrichtet, Onkel Dmitrij
und Onkel Sergej waren Prawoweds, das
heißt Studenten der schicken Kaiserlichen
Schule der Jurisprudenz.

Die Großeltern mütterlicherseits: Iwan Wassilijewitsch Rukawischnikow, 1841 bis 1901, Landbesitzer, Friedensrichter und Philanthrop, sowie seine Frau Olga Nikolajewna, die 1845 geboren wurde und im selben Jahr wie ihr Mann starb.

Die Rukawischnikows waren sibirische Pioniere, Goldsucher, Bergbauingenieure, deren Minen auf der sibirischen Seite des Ural lagen, und zählten seit dem 18. Jahrhundert zum Landadel der Provinz Kasan.

Als Onkel Ruka Ende 1916 starb, hinterließ er mir eine Summe, die sich heute auf ein paar Millionen Dollar belaufen würde, dazu seine Besitzung: das Herrenhaus mit seinem weißen Säulenportal auf einem grünen abgeböschten Hügel und zweitausend Morgen Naturwald und Torfmoor.

Jelena Nabokow mit ihrem Bruder Wassilij Iwanowitsch Rukawischnikow, 1874 bis 1916, genannt Ruka. Er führte, wie Nabokov später schrieb, »ein untätiges und seltsam chaotisches Leben«. Er war homosexuell, und Nabokov berichtet, wie ihn sein Onkel einmal nach dem Mittagessen auf den Schoß nahm und ihn, der angesichts der im Zimmer beschäftigten Diener von einer Verlegenheit in die andere fiel, mit Liebkosungen bedachte, bis der Vater seinen Schwager auf die Veranda rief.
Man hat vermutet, daß in diesem Moment und seiner verborgenen, vom Kind nur geahnten Erotik eine der Ursprungsszenen für den Roman *Lolita* zu sehen ist.

Nichts deutet an, daß in Rußland bald eine Welt zu Ende gehen wird – bei dem sich als Dandy präsentierenden Onkel Ruka (rechts) ebensowenig wie bei der Familienfeier, zu der die Nabokows und die Rukawischnikows auf dem Bild oben zusammengekommen sind, möglicherweise um die Verlobung von Jelena und Wladimir Dmitrijewitsch (vierte und fünfte Person von rechts) zu begehen.

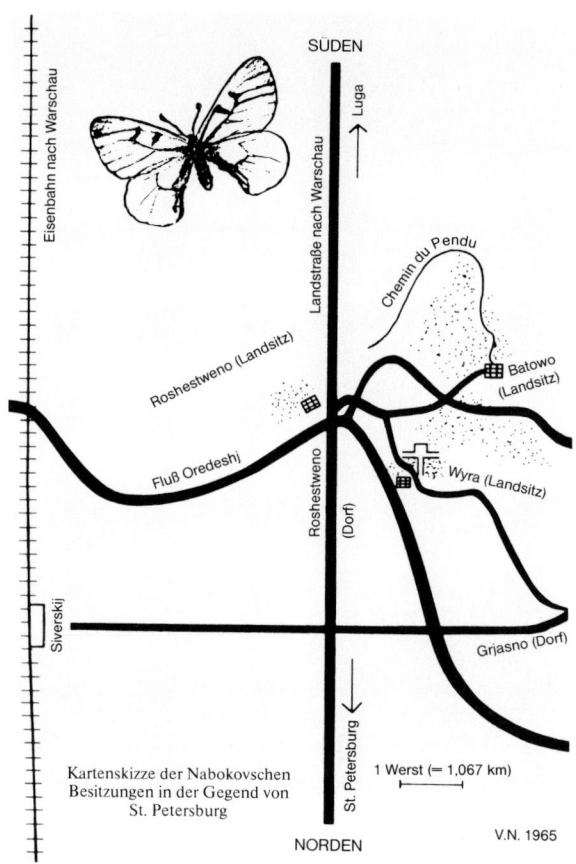

Kartenskizze der Nabokowschen Besitzungen Wyra, Roshestweno und Batowo in der Gegend von St. Petersburg, von Vladimir Nabokov 1965 aus dem Gedächtnis für sein Buch *Erinnerung, sprich* gezeichnet.

Im Diagramm können die drei Familienbesitzungen an der Oredesh, knapp achtzig Kilometer südlich von St. Petersburg, als drei verbundene Ringe in einer fünfzehn Werst langen Kette dargestellt werden, die sich über die Landstraße nach Luga hinweg in westöstlicher Richtung erstreckt; in der Mitte liegt das meiner Mutter gehörige Wyra, rechts das ihrem Bruder gehörige Roshestweno und links das meiner Großmutter gehörige Batowo; die Verbindungen sind die Brücken über die Oredesh (mit einem Weichheitszeichen am Ende), deren geschlängelter und verzweigter Lauf Wyra auf beiden Seiten netzte.

Von allen Gütern der Nabokows liebte Vladimir Wyra am meisten. Das hölzerne Haus war von Wäldern, einem großen Garten und einem Fluß umgeben, und vielleicht suchte die Familie den Sommersitz auch deshalb so häufig auf, weil der Vater hier während einer Fahrradtour um die Hand der Mutter angehalten hatte.

Nabokov verbrachte auf Wyra den glücklichsten Teil seiner Kindheit. Nach der Revolution völlig zerstört, wird ihm der Landsitz später zum Inbegriff für den Verlust der Kindheit und zum Kondensationskern seiner Erinnerungen, und als er in seiner Autobiographie schrieb: »Ich behalte mir das Recht vor, mich nach einer ökologischen Nische zu sehnen: ... / Unterm Himmelszelt meiner Neuen Welt / Nach *einem* Ort in Rußland zu seufzen«, da dachte er an Wyra.

Rußland, der unmerklich in alte Gärten übergehende Naturwald, meine nördlichen Birken und Tannen, der Anblick meiner Mutter, die sich jedesmal, wenn wir für den Sommer aus der Stadt aufs Land zurückkehrten, auf Hände und Knie niederließ, die Erde zu küssen, *et la montagne et le grand chêne* – indem das Schicksal das alles eines Tages blindlings zusammenraffte und ins Meer warf, trennte es mich ganz und gar von meiner Kindheit.

Die Orte, an denen Vladimir Nabokov Kindheit und Jugend verbrachte, reihten sich in einem festen Turnus aneinander: Im Frühling und Sommer war die Familie auf ihrem Landsitz Wyra, den Herbst verlebte man in Badeorten an der Riviera oder Adria, die Winter im Stadthaus in St. Petersburg.

Batowo gehörte bis 1916 Maria Nabokow, der Großmutter väterlicherseits. Nach der Revolution niedergebrannt und nie wieder aufgerichtet, war es ein Ort vielfältiger Erinnerung. Denn das Gut kam aus dem Besitz eines russischen Dichters und Dekabristen, Kondratij Fjodorowitsch Rylejew, der es Anfang des 19. Jahrhunderts gekauft und als Sommerresidenz genutzt hatte. Den zum Haus gehörigen Park und die umliegende Landschaft bedachte er mit romantischen Elegien, und 1820 forderte er dort Puschkin zu einem Duell. Als Rylejew 1826 wegen aufrührerischer Umtriebe hingerichtet wurde, kaufte Nabokovs Urgroßmutter, die Baronin von Korff, das Anwesen.

Maria Nabokow bei ihrer Lieblingsbeschäftigung: Sie stickt, während sie auf der Terrasse von Batowo auf einem Sofa liegt. Neben ihr kniet ihr Lieblingssohn Dmitrij, genannt Mitik, rechts ist ihre Tochter Jelisaweta zu Sayn-Wittgenstein-Berleburg zu sehen.

In einem weiten Seidengewand und mit Fausthandschuhen aus einem Netzgewebe, ein Museumsstück eher als ein lebender Mensch, verbrachte sie die meiste Zeit ihres Lebens auf einer Couch und fächelte sich mit einem Elfenbeinfächer. Eine Schachtel mit *boules de gomme* oder ein Glas Mandelmilch befanden sich in ihrer Reichweite, desgleichen ein Handspiegel, denn ungefähr alle Stunde puderte sie sich mit einer großen rosa Quaste aufs neue das Gesicht, ohne doch mit all dem Mehl den kleinen Leberfleck verdecken zu können, der wie eine Rosine von ihrem Backenknochen abstand.

Das Gut Roshestweno, unweit von Wyra und Batowo gelegen, erbte Nabokov von seinem Onkel Ruka, der ihn damit auf einen Schlag zum vielfachen Millionär machte. »An meinem fünfzehnten Namenstag«, erzählt Nabokov, »nahm er mich beiseite und ließ mich in seinem brüsken, genauen und ein wenig altmodischen Französisch wissen, daß er mich zu seinem Erben mache. ›Und jetzt können Sie gehen‹, fügte er hinzu, ›*l'audience est finie. Je n'ai plus rien à vous dire.*‹«

Das Herrenhaus von Roshestweno, einer der letzten Holzbauten des Empire, war der einzige Landsitz der Nabokows, der Revolution und Krieg unversehrt überstand. Erst 1995 brannte er bis auf die Grundmauern ab; jetzt versuchen die St. Petersburger, das Haus mit vereinten Kräften wiederaufzubauen.

Nabokovs Mutter (ganz rechts) in Roshestweno beim Tennisspielen mit ihrem Bruder

»*Play*«, rief meine Mutter nach der Art von ehedem, wenn sie ihren kleinen Fuß nach vorn schob und ihren Kopf mit dem weißen Hut senkte, um einen eifrigen, aber schwachen Aufschlag mit einer Kelle zu servieren.

Ein Familienpicknick. Wladimir Dmitrijewitsch Nabokow sitzt mit dem Rücken zur Kamera, seine Frau Jelena Iwanowna rechts neben ihm mit einem weißen Hut.

Ich bin überzeugt, daß unser Leben damals wirklich von einem Zauber erfüllt war, der anderen Familien unbekannt war. Durch die Unterhaltungen mit meinem Vater, durch Träumereien in seiner Abwesenheit, durch die Nähe Tausender von Büchern voller Tierzeichnungen, durch den kostbaren Schimmer der Sammlungen, durch die Landkarten, durch all die Heraldik der Natur und die Kabbalistik lateinischer Namen nahm das Leben eine so betörende Leichtigkeit an …

Das erste Kind, das Jelena Nabokow zur Welt brachte, ein Junge, wurde tot geboren, und man kann vermuten, daß die Mutter ihren zweiten Sohn Vladimir auch aus diesem Grund mit soviel Liebe umgab. Wie ein Mädchen ist er auf diesem Bild mit einer Haube geschmückt und in rüschenbesetztes Leinen gehüllt; seine Hände verschwinden in den übergroßen Ärmeln. »Meine zahlreichen Kinderkrankheiten«, schrieb Nabokov später, »brachten meine Mutter und mich einander noch näher.«

Die Kindermode der Oberschicht gleicht sich am Anfang des Jahrhunderts in ganz Europa: überall Matrosenanzüge und weißes Leinen für die Sommermonate, Pelzkappen für den Winter. In Rußland allerdings war der Kreis dieser Glücklichen besonders klein, wie man auch an der Telephonnummer sehen kann, die in der Adresse des Photographen (rechts) notiert ist: Vier Ziffern genügen, um sämtliche Anschlüsse in St. Petersburg – zu dieser Zeit immerhin eine Stadt mit rund anderthalb Millionen Einwohnern – zu erfassen.

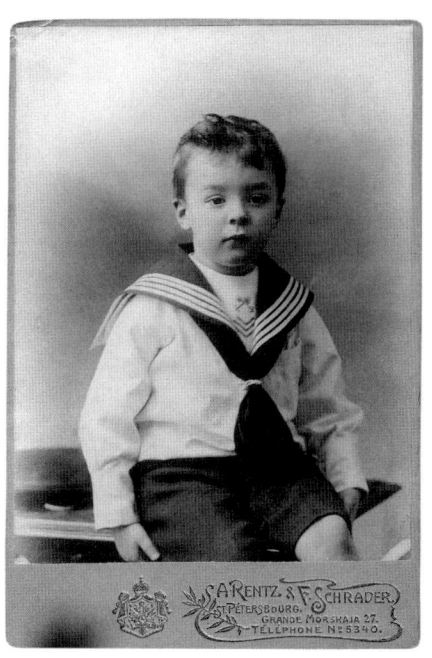

St. Petersburg 1906: Vladimir Nabokov und sein Vater

Unsere Beziehung war gekennzeichnet von jenem unablässigen Austausch von selbstgemachtem Nonsens, komisch verdrehten Wörtern, vorgeblichen Imitationen angeblicher Intonationen und all jenen privaten Scherzen, der der Geheimcode glücklicher Familien geworden ist. Dabei war er in Fragen des Verhaltens außerordentlich streng und neigte zu schneidenden Bemerkungen, wenn er auf ein Kind oder einen Diener ärgerlich war, doch seine tiefe Humanität war zu groß, um Ossip wirklich kränkend zu rügen, wenn er das falsche Hemd herausgelegt hatte, so wie sein unmittelbares Verständnis für den Stolz eines Jungen die Schroffheit des Tadels milderte und zu plötzlichem Verzeihen führte.

Nabokovs Vater, auf dem Bild rechts, war in allen Belangen ein Liberaler. Als Abgeordneter der ersten Duma sprach er sich gegen Judenpogrome und gegen die Todesstrafe aus, die er zeit seines Lebens erbittert bekämpfte. Als die Regierung im Juli 1906 die erste Duma auflöste, fuhr er mit zweihundert Abgeordneten nach Wyborg, um gegen diese verfassungswidrige Maßnahme zu protestieren. Später mußte er dafür, wie alle Unterzeichner des »Wyborger Appells«, ins Gefängnis und »verbrachte drei ruhige, wenn auch etwas einsame Monate in Einzelhaft, zusammen mit seinen Büchern, seiner zusammenlegbaren Badewanne und einem Exemplar von J. P. Müllers *Mein System – fünfzehn Minuten täglicher Arbeit für die Gesundheit*«.

Die Photographie hat ihn nach seiner Verhaftung im Mai 1908 auf dem Weg in das in Kresty gelegene Gefängnis festgehalten.

Als Wladimir Dmitrijewitsch Nabokow im Sommer 1908 aus der Haft entlassen wurde, feierte man in Wyra ein kleines Fest, bei dem obige Photographie gemacht wurde.
Sie zeigt die Eltern stehend, während vorn im Kreis ihrer Enkelkinder die Großmutter Maria von Korff sitzt. Vladimir, der dritte von rechts, lehnt sich an seine Großtante Praskowia Nikolajewna Tarnowskij.

Wir waren auf dem Land, als er freigelassen wurde, und es war der Dorfschulmeister, der die Festlichkeiten arrangierte und für den (zum Teil unverhohlen roten) Fahnenschmuck sorgte, der meinen Vater auf der Heimfahrt vom Bahnhof begrüßte, entlang unter Archivolten aus Tannennadeln und Kronen aus Kornblumen, den Lieblingsblumen meines Vaters.

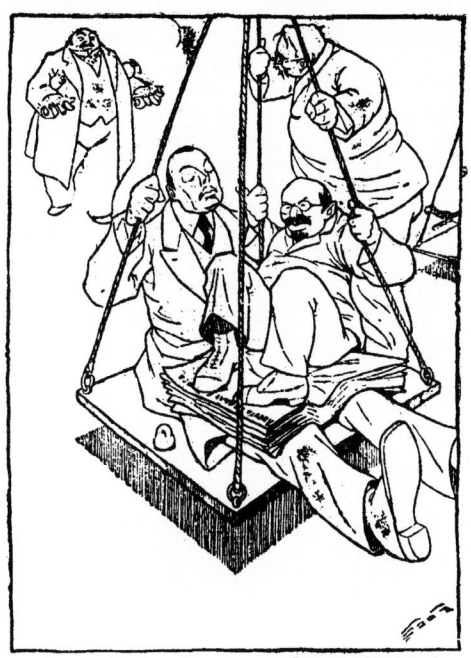

Diese Karikatur mit dem Titel *Auf Thermidors Waage* erschien Ende Oktober 1913 in *Nowoje Wrema* (*Neue Zeit*) während des Ritualmordprozesses von Mendel Beilis – der russischen Variante der Dreyfus-Affäre –, an dem Wladimir Dmitrijewitsch Nabokow als Journalist teilnahm. Er sitzt auf der Waage der Gerechtigkeit, auf seinem Schoß Prozeßmaterial, darüber Jossif Hessen, wie Nabokow Mitglied des Fraktionsvorstands der »Kadetten« in der Duma und Mitherausgeber der Zeitung *Retsch* (*Die Rede*). Über ihnen steht Pawel Miljukow, Chef der »Kadettenpartei«, der sie schaukelt und den nahenden Baron Rothschild begrüßt. Die Bildunterschrift unterstellt, daß Nabokow und Miljukow sich an das sogenannte Weltjudentum verkauft haben: »Das ist noch nicht alles. Baron Rothschild bringt noch ein brillanteres Beweismittel!« Vladimir Nabokov erinnert sich an viele »Beispiele der russischen Karikaturkunst«: »Sie stellten meinen Vater mit einer betonten ›Herren‹-Physiognomie dar, mit ›auf englisch‹ getrimmtem Schnurrbart, mit einer in eine Glatze übergehenden Bürstenfrisur …«.

Einer muß stehen: Das Verhältnis zwischen Vladimir und seinem Bruder Sergej war zeitlebens kompliziert. »Aus mehreren Gründen fällt es mir ungewöhnlich schwer, von meinem anderen Bruder zu sprechen«, erinnert sich Nabokov in einem für ihn überaus bedrückten Ton. »Es ist ein merkwürdiges Gefühl zu denken, daß ich meine ganze Kindheit in allen Einzelheiten erzählen könnte, ohne ihn auch nur ein einziges Mal zu erwähnen«.

Jelena Nabokow, den geliebten Hund Trainy auf dem Schoß, zusammen mit Vladimir und Sergej im Jahre 1910 während einer Kur in Bad Kissingen

Vladimir und Sergej auf Batowo im Sommer 1909

Als Kind war ich ein Rowdy, suchte Abenteuer und kommandierte andere herum. Er war still und ohne Schwung und verbrachte viel mehr Zeit mit unseren Hauslehrern als ich. Mit zehn begann er sich für Musik zu interessieren … und verbrachte Stunden über Stunden damit, auf einem Klavier im Obergeschoß, das sehr wohl noch in Hörweite war, Stücke aus Opern zu spielen. Ich schlich mich hinter ihn und piekte ihn in die Rippen – eine elende Erinnerung.

Ich war der Verhätschelte; er der Zeuge der Verhätschelung. Am 12. März 1900 zehneinhalb Monate nach mir geboren, wurde er früher erwachsen und wirkte körperlich älter. Wir spielten selten miteinander, und das meiste, was mir am Herzen lag, war ihm gleichgültig – Spielzeugeisenbahnen, Spielzeugpistolen, Rothäute, rote Admirabelfalter. Mit sechs oder sieben packte ihn eine leidenschaftliche Verehrung … für Napoleon, und er nahm eine kleine Bronzebüste von ihm ins Bett.

[43]

Zwischen zehn und fünfzehn habe ich in St. Petersburg bestimmt mehr Romane und Gedichte gelesen – englische, russische und französische – als in irgendeiner anderen Fünfjahresspanne meines Lebens. Ich delektierte mich besonders an den Werken von Wells, Poe, Browning, Keats, Flaubert, Verlaine, Rimbaud, Tschechow, Tolstoj und Alexander Blok. Auf einer anderen Ebene waren meine Helden Scarlet Pimpernel, Phileas Fogg und Sherlock Holmes. Mit anderen Worten, ich war ein völlig normales dreisprachiges Kind in einer Familie mit einer großen Bibliothek.

Das Boudoir meiner Mutter hatte einen Erker, von dem aus man die Morskaja in Richtung Marienplatz bequem übersehen konnte. Die Lippen gegen den dünnen Stoff durch die Fensterscheibe gedrückt, schmeckte ich durch den Voile hindurch immer deutlicher die Kälte des Glases. Vom gleichen Erker aus verfolgte ich einige Jahre später, beim Ausbruch der Revolution, verschiedene Kampfhandlungen und erblickte meinen ersten Toten: Er wurde auf einer Bahre weggetragen, und trotz aller Knuffe und Schubser der Bahrenträger versuchte ein schlecht beschuhter Genosse den Stiefel von einem herabbaumelnden Bein zu zerren – all dies im eiligen Laufschritt.

Nabokovs Mutter ließ sich 1910, im Alter von 34 Jahren, von dem russischen Maler Leon Bakst porträtieren. Ihr Sohn, der das »aus rosa Dunst bestehende« Pastellbild sehr liebte, schilderte, welche Mühe der Künstler auf den »fluktuierenden Umriß« der Lippen verwandt habe, und hielt es für außerordentlich ähnlich.

Mit ganzer Kraft zu lieben und den Rest dem Schicksal zu überlassen war die einfache Grundregel, der sie gehorchte. »Wot sapomni [vergiß mir das nicht]«, pflegte sie mit verschwörerischer Stimme zu sagen, wenn sie meine Aufmerksamkeit auf irgendetwas in Wyra lenkte, das sie liebte.

Seit 1911 besuchte Nabokov die Tenischew-Schule in St. Petersburg, wohin ihn der Chauffeur der Familie jeden Morgen mit einem der Autos brachte: mit dem Mercedes-Benz, dem Wolseley, manchmal sogar mit dem Rolls-Royce, einem jener zwölf Rolls im vorrevolutionären Rußland, von denen ein anderer der Familie Solschenizyns gehörte. In der Tenischew-Schule erlebte Nabokov auch die Anfänge der Revolution im September 1917. Gewehrfeuer drang von den Straßen in die Klassenräume, aber Nabokov blieb ostentativ auf seinem Platz sitzen, um mit einem Freund eine Partie Schach zu beenden.

Oft wird vergessen, daß Nabokov sich bis ins hohe Alter immer wieder der poetischen Form widmete, mit der er begonnen hatte: dem Gedicht. Wunschphantasien wie Angstvisionen des Exilierten kommen darin zum Ausdruck, aber auch alltägliche Interessen wie das Schachspiel, Schmetterlinge oder Leseerfahrungen – die Lektüre von Kafkas *Schloß* zum Beispiel läßt sich an keiner Stelle der Prosa, wohl aber in einem Gedicht nachweisen.

Im Sommer 1914, gerade 15 Jahre alt geworden, schreibt er ein frühes, heute verlorengegangenes Gedicht. In seiner Autobiographie erinnert er sich: »Was hatte es ausgelöst? Ich glaube es zu wissen. Bei völliger Windstille brachte das bloße Gewicht eines Regentropfens, der in parasitärem Luxus auf einem herzförmigen Blatt glänzte, dessen Spitze dazu, sich zu neigen; was aussah wie eine kleine Quecksilberkugel, vollführte ein plötzliches Glissando die Mittelader entlang, und das Blatt, seiner hellen Last ledig, schnellte erleichtert wieder hoch. Tropfen, Schwere, Glissando, Leere – der Augenblick, den das alles währte, schien mir nicht so sehr ein Bruchteil der Zeit als vielmehr ein Riß in ihr, ein übersprungener Herzschlag, der sogleich durch ein Geprassel von Reimen wettgemacht wurde: Ich sage mit Absicht ›Geprassel‹, denn als jetzt ein Windstoß kam, begannen die Bäume alle zusammen ihre Tropfen abzuschütteln, und das Getropfe ahmte den vorausgegangenen Regenguß ebenso grob nach, wie die Strophe, die ich bereits murmelte, an das selige Staunen erinnerte, das ich gefühlt hatte, als Herz und Blatt einen Augenblick lang eins waren.«

[47]

Gedichte, wie ich sie damals produzierte, waren kaum mehr als Lebenszeichen, Zeichen dafür, daß ich gewisse starke menschliche Empfindungen erlebte oder erlebt hatte oder zu erleben hoffte. Sie waren mehr ein Phänomen des Sichzurechtfindens als eins der Kunst und darum den Farbstreifen auf einem Felsblock am Wegrand vergleichbar oder dem säulenförmigen Steinhaufen, der einen Bergpfad bezeichnet.

Im Sommer 1914 schrieb der junge Nabokov auf Wyra seine ersten Gedichte. *Muzyka* (*Die Musik*) gehört zu diesen und ist weder in einen der Gedichtbände aufgenommen noch bislang veröffentlicht worden.

Die Musik

In die Nacht, mitten hinein, glitzert
die Fontäne, steil und schlank,
sie rauscht und bebt und ruft
geheimnisvoller Länder Bilder.

Still fliegen rings Libellen,
flirrend im Silberstrahl,
ihre Flügel blitzen als Antwort
auf das zauberhafte Spiel.

Hoch trägt die Fontäne wunderbaren
Silberklang empor,
sie rauscht und bebt und ruft
Trugbilder von Liebe und von Trennung.

Friedvoll fliegen die Libellen,
wie Diamanten glänzen ihre Flügel,
schneeweiße Rosen rings
hören der Fontäne Lied.

In die Nacht, mitten hinein, dringt
die Musik wie eine mächtige Welle,
dem schlanken Strahl der Fontäne gleich
blitzt sie auf über der profanen Menge.

Mit ihrem zärtlichen Spiel
zerstreut die Fontäne unheilschwere
    Finsternis.
Als Antwort leuchten von Zeit zu Zeit
die Seelen wie Libellen.

Vladimir Nabokovs erster Gedichtband *Stichi* (*Gedichte*), noch unter dem Einfluß der russischen Symbolisten geschrieben, wurde im Sommer 1916 mit Hilfe der Erbschaft Onkel Rukas veröffentlicht.

Die erste große Liebe Nabokovs war Walentina Schulgina, geboren im selben Jahr wie er und Waljussja oder Ljussja genannt. Nabokov lernte sie im Juli 1915 in Wyra kennen, traf sich danach aber meistens in den Parkanlagen von Roshestweno mit ihr. »Ich nahm meine Allerliebste mit an die geheimen Orte im Wald, wo ich sie in meinen glühenden Tagträumen so oft getroffen, so oft erschaffen hatte. In einem bestimmten Fichtengehölz kam alles ins Lot, teilte ich das Fadenwerk der Phantasie, kostete ich von der Wirklichkeit.«
Daß Walentina ihn ein Jahr darauf verließ, hat Nabokov tief getroffen und immer wieder beschäftigt. Auch deshalb ist sie eine der Hauptfiguren seines 1926 erschienenen ersten Romans *Maschenka* geworden, von dem er gesagt hat, daß er deutlicher als alle seine anderen Werke autobiographische Züge trage.

Aus der Finsternis traf ein feuchter, schwerer Windstoß die Liebenden. Maschenka saß jetzt auf der abblätternden Balustrade und strich ihm mit ihrer kühlen kleinen Hand über die Schläfen, und er erkannte im Dunkel die schwachen Umrisse ihrer triefenden Haarschleife und den lächelnden Glanz ihrer Augen. Kräftig und überreich brausten die Regenmassen in der wirbelnden Schwärze vor dem Portal durch die Linden und lockten ein Quietschen und Knarren aus den Stämmen hervor, die zur Stützung ihrer verfallenden Mächtigkeit von Eisenklammern zusammengehalten wurden. Und in dem Tumult der Herbstnacht knöpfte er ihr die Bluse auf und küßte ihre heiße Halsgrube; sie schwieg dazu – nur ihre

Augen leuchteten sanft, und unter der Berührung seiner Lippen und des feuchten Nachtwinds wurde die Haut ihrer entblößten Brust langsam kalt. Sie sprachen wenig – es war zu dunkel zum Sprechen. Als er schließlich ein Streichholz anzündete, um nach der Uhr zu sehen, blinzelte Maschenka und strich sich eine nasse Haarsträhne von der Wange. Er legte den Arm um sie, schob mit der anderen Hand sein Fahrrad am Sattel, und so schlenderten sie langsam davon in die Nacht, die jetzt nur noch ein Tröpfeln war. Dann gingen sie den steilen Pfad zur Brücke hinunter, und dort nahmen sie Abschied, so lang hingezogen und kummervoll, als würden sie sich niemals wiedersehen.

Nabokovs zweite Jugendliebe, die fünf Jahre ältere Eva Lubrzynska aus St. Petersburg, stammte aus einer polnisch-jüdischen Familie. Als Vladimir sie im Januar 1916 in einem finnischen Kurort kennenlernt, hat sie bereits ihr Chemiestudium bei Marie Curie in Paris hinter sich. Nach den Wirren der Revolution trafen sie sich 1919 zufällig auf einem Wohltätigkeitsball in London wieder und waren erneut ein Paar, bis Nabokov Eva einem Studienkollegen vorstellte, den sie 1920 heiratete. Ihre launische und selbstquälerische Natur findet sich in Sonja wieder, einer unglücklichen Frauenfigur in Nabokovs fünftem russischen Roman *Die Mutprobe*.

Im Jahre 1919 floh ein ganzer Trupp von Nabokovs – drei Familien alles in allem – über die Krim und Griechenland nach Westeuropa. Es wurde so eingerichtet, daß mein Bruder und ich die Universität Cambridge besuchen konnten, mit einem Stipendium, das mehr zur Linderung erlittener politischer Unbilden als in Anerkennung intellektueller Verdienste vergeben wurde. Der Rest der Familie wollte für einige Zeit in London bleiben. Für den Lebensunterhalt mußte eine Handvoll Edelsteine aufkommen, die Natascha, eine vorausschauende alte Dienerin, vom Toilettentisch gerafft und in ein Nécessaire gesteckt hatte und die in einem Garten auf der Krim für kurze Zeit eingesperrt gewesen waren oder vielleicht auch einen geheimnisvollen Reifeprozeß durchgemacht hatten. Wir hatten geglaubt, unser Haus im Norden nur für kurze Zeit zu verlassen, für eine Pause vorsichtiger Beobachtung an Rußlands südlicher Brüstung; doch das Wüten des neuen Regimes hatte nicht nachgelassen.

Mehr als zwanzig Monate tobte nach der Revolution der Kampf zwischen den »Roten« und den »Weißen«, bis sich die Anhänger des Zaren schließlich auf die südrussische Halbinsel Krim am Schwarzen Meer zurückgedrängt sahen. Dorthin floh auch die Familie Nabokow. Nur der Vater blieb in St. Petersburg, das jetzt schon Petrograd hieß. Als er später nachkam, machte ihn eine von zarentreuen Politikern gebildete Regierung, noch ganz in der Illusion, die Geschäfte würden sich eines Tages wie vordem weiterführen lassen, zum Justizminister.
Am Abend des 5. April 1919 hat Vladimir Nabokov Rußland zum letzten Mal gesehen. Für ihn und seine Familie beginnt jetzt der zweite, längere und endgültige Teil der Flucht. Auf einem griechischen Schiff namens »Hoffnung« gelangen sie über den Bosporus nach Istanbul. Auch hier ist es das Schachspiel, das für Nabokov zum Mittel wird, die Wirklichkeit beiseite zu schieben: Während das Schiff unter schwerem Beschuß den Hafen verläßt, beugt er sich, an Deck sitzend, mit seinem Vater über die schwarzen und weißen Figuren und versucht, an nichts anderes zu denken.

Vladimir, Kirill, Olga, Sergej, Elena mit
dem Hund Box II in Jalta, November 1918

2 Cambridge: Der Student Vladimir Nabokoff

Kein einziges Mal während meiner drei Jahre in Cambridge – ich wiederhole: kein einziges Mal – war ich in der Universitätsbibliothek oder erkundigte mich auch nur, wo sie lag (ihr neues Gebäude ist mir heute wohlvertraut) oder ob es irgendeine College-Bibliothek gab, in der man Bücher ausleihen konnte, um sie mit auf die Bude zu nehmen. Ich schwänzte Vorlesungen. Ich stahl mich fort nach London und anderswohin. Ich widmete mich mehreren Liebesaffären gleichzeitig. Ich hatte fürchterliche Unterredungen mit Mr. Harrison. Ich übersetzte eine Handvoll Gedichte von Rupert Brooke, Alice im Wunderland und Romain Rollands Colas Breugnon ins Russische. Was die Wissenschaft anging, hätte ich ebensogut auf das Inst. M. M. in Tirana gehen können.

Die Nabokows erreichen London am 27. Mai 1919, wo sie zunächst vier Zimmer in einem Haus in Stanhope Gardens, South Kensington, mieten, bevor sie nach 6, Elmpark Gardens in Chelsea ziehen. Der Vater will hier eine Position finden, die es ihm erlaubt, die öffentliche Meinung Englands gegen die Bolschewiki zu mobilisieren. Die Mutter verkauft ihren Schmuck; damit ist der Lebensunterhalt der Familie für das nächste Jahr gesichert. Mit dem Erlös einer Perlenkette kann Nabokov zwei Jahre in Cambridge am Trinity College studieren, wo er sich am 1. Oktober 1919 für russische und französische Philologie einschreibt. Sein Zimmer, das er sich mit dem zwei Jahre jüngeren Weißrussen Michail Kalaschnikov teilt, bezieht er zunächst am südwestlichen Ende von Great Court.

Trotz seiner anglophilen Erziehung fühlt er anfänglich eine Barriere zwischen den englischen Studenten und sich, die er aber bald durch Fußballspielen, Boxen, Tennis und Stocherkahnfahren auf dem Cam überwinden kann. Seine Freunde nennen ihn »Nabkov« oder »Macnab«. Im ersten Trimester in Cambridge schreibt er seinen ersten entomologischen Aufsatz – »Einige Bemerkungen über Krim-Schmetterlinge« –, der im Februar 1920 in *The Entomologist* veröffentlicht wird. Zu dieser Zeit entstehen auch einige englische Gedichte. Im Grunde aber versucht Nabokov während seiner gesamten Studienzeit, ein russischer Schriftsteller zu werden; Nacht für Nacht komponiert er kettenrauchend bis zum frühen Morgen russische Gedichte und treibt seinen Zimmergenossen zur Weißglut.

Nachdem sein Vater erkannt hat, daß er beruflich in England nicht Fuß fassen kann und auch die Lebenshaltungskosten entschieden zu hoch sind, entschließt sich die Familie, nach Berlin – zu dieser Zeit das Zentrum der russischen Emigration – überzusiedeln. Ihre erste Adresse ist die Egerstraße 1 in Grunewald. Mit Hilfe des liberalen Ullstein Verlags gelingt es Nabokovs Vater in der Folgezeit, zusammen mit seinen Kollegen Hessen und Kaminka die Tageszeitung *Rul* (*Das Ruder*) und einen der ersten russischen Exilverlage, genannt *Slovo* (*Das Wort*), zu gründen. In beiden erscheinen Nabokovs Gedichte, Übersetzungen und später seine Erzählungen und Romane. Am 27. November 1920 veröffentlicht er sein erstes Gedicht in *Rul* unter dem Pseudonym Cantab; sein erstes Versdrama verfaßt er unter dem Namen Vivian Calmbrood; einen Brief an seine Mutter unterschreibt er mit Dorian Vivalcomb. Im Januar 1921 schließlich benutzt er in *Rul* zum ersten Mal das Pseudonym, das er die nächsten neunzehn Jahre im Exil führen wird: Sirin. In erster Linie hat er es gewählt, um eine Verwechslung mit seinem Vater auszuschließen, aber auch um seine enge Beziehung zu Rußland und zur russischen Kultur zu unterstreichen. Denn der Sage nach ist Sirin ein Vogel aus dem Paradies, ein Wundervogel, und daß es zugleich eine Namensanspielung auf die Sirenen der griechischen Mythologie enthält, paßt nebenher gut ins Konzept.

In den Sommerferien des Jahres 1921 lernt Nabokov seine erste Verlobte kennen, die mit ihrer Familie in Berlin-Lichterfelde lebt. Swetlana Siewert ist die Cousine seines Zimmergenossen Kalaschnikov. Nach seinen ersten, noch in Rußland gemachten Erfahrungen mit Ljussja Schulgina und Eva Lubrzynska ist er nun bereit, sich leidenschaftlich und mit ganzem Herzen zu verlieben. Er schreibt ein Liebesgedicht nach dem anderen; alle zusammen werden im darauffolgenden Jahr in dem Gedichtband *Grozd'* (*Die Traube*) veröffentlicht. Im September des gleichen Jahres ziehen die Nabokows in die Sächsische Straße 67 nach Wilmersdorf, damals der Mittelpunkt des russischen Berlins, und der Salon der Familie wird zum gesellschaftlichen Anziehungspunkt für Künstler, Schauspieler, Politiker, Journalisten und Schriftsteller im Exil, bis am 28. März 1922 das Schmerzvollste geschieht, was dem jungen Vladimir Nabokov neben dem Verlust der Heimat widerfahren sollte: Sein Vater wird in der Philharmonie von russischen Monarchisten erschossen. Die Kugeln galten nicht ihm, sondern seinem Parteifreund Miljukow, der an diesem Abend einen Vortrag mit dem Titel »Amerika und die Restauration der Russen« hielt. Bis heute ist der Fall nicht vollständig aufgeklärt.

Nabokov schreibt daraufhin ein trauriges Abschiedsgedicht zum Andenken an seinen Vater, das in *Rul* veröffentlicht wird. Und er beginnt ein tristes letztes Studienjahr. Im Juli 1922 schließt er sein Studium in Cambridge mit »second-class honors« ab. Als er mit dreiundzwanzig Jahren die Universität verläßt, hat er bereits eine beachtliche Anzahl von Veröffentlichungen vorzuweisen: einen entomologischen Artikel, zwei englische Gedichte, einen kritischen Aufsatz über Rupert Brooke, der seinen späteren metaphernreichen Stil ankündigt, die Übersetzung von Romain Rollands Roman *Colas Breugnon* und Lewis Carrolls *Alice in Wonderland* ins Russische, eine erste russische Erzählung *Neshit* (*Der Kobold*), ein erstes Versdrama *Skital'cy* (*Wanderer*) und vor allem seine russischen Gedichte, die jede Woche in Zeitschriften erscheinen. Sein dritter und vierter Gedichtband – *Grozd'* (*Die Traube*) und *Gornyj Put'* (*Der empyreische Weg*) – sind im Druck. W. Sirin, der russische Schriftsteller im Exil, ist geboren.

Ansicht des Trinity College in Cambridge

Die Geschichte meiner Universitätsjahre in England ist in Wahrheit die Geschichte meines Versuchs, ein russischer Schriftsteller zu werden. Ich hatte das Gefühl, daß Cambridge und alle seine berühmten Wahrzeichen – ehrwürdige Ulmen, heraldisch verzierte Fenster, geschwätzige Turmuhren – für sich selbst genommen bedeutungslos waren und nur existierten, um meiner tiefen Sehnsucht einen Rahmen und einen Halt zu geben.

Nach der Emigration versuchte Nabokovs Vater, die öffentliche Meinung in England gegen die Machtübernahme der Bolschewiki in St. Petersburg und Moskau zu mobilisieren. Doch das Vorhaben schlug fehl. Sein Sohn studierte derweil in Cambridge, allerdings nicht das, was im Lehrplan stand. Verzweifelt versucht er, dem Schatz gerecht zu werden, der ihm als einziges geblieben war: der russischen Sprache. Nächtelang schreibt er, zum Verdruß seiner russischen Zimmergenossen, Gedichte, die er später als konventionell und harmlos bezeichnet. Dennoch steht am Ende dieser Periode sein unbedingter Entschluß, Schriftsteller zu werden.

Siriniana

In Einsamkeit ist Freiheit
und Süße in glückseligen Gebilden.
Einen Stern, eine Schneeflocke, einen
    Tropfen Honig
füge ich zum Vers.

Allnächtlich sterbend, erwache ich froh,
um zur bestimmten Stunde aufzustehen.
Der nächste Tag ist ein Tautropfen vom
    Paradies,
der vergangene ein Diamant.

25. November 1921

Die Sirene, ein antikes Fabelwesen, halb Frau, halb Raubvogel, war bekannt für ihren göttlichen Gesang und für männermordende Umtriebe. Sie ist aber auch so etwas wie ein poetologisches Wesen. Als Odysseus in der *Odyssee* am Felsen der Sirenen vorbeifährt, heißt es bei Homer, daß der überirdische Gesang der Monstren ihn »erfreut und an Wissen reicher« gemacht habe, eine Formel, aus der später das berühmte *docere et delectare* der Horazischen Dichtungslehre wurde. Vielleicht ist es deshalb kein Zufall, daß Nabokov, als er nach einem Pseudonym suchte, gerade auf »Sirin« verfiel, den volkstümlichen russischen Namen für die Schnee-Eule.
Das Bild zeigt die Sirene als Vogelfrau des altrussischen Märchens auf einem Aquarell aus dem späten 18. oder frühen 19. Jahrhundert.

Ich denke an das verträumte Aufundabgleiten der Stechkähne und Kanus auf dem Cam, an das hawaiische Geplärr der Grammophone, die gemächlich durch Sonne und Schatten trieben, und an eine Mädchenhand, die den Griff ihres pfauenbunten Sonnenschirms sacht hin und her dreht, indes sie sich auf die Kissen des Stechkahns zurücklehnt, den ich träumerisch steuere.

Vladimir Nabokov mit seinem ersten Zimmergenossen Michail Kalaschnikow in Cambridge Anfang der zwanziger Jahre

Im August 1920 ziehen die Nabokows von London nach Berlin, und zwar in die Egerstraße in Grunewald. Im selben Monat findet im Hotel Adlon die Hochzeitsfeier von Vladimirs Cousine Onja statt, auf der sich die Familie zu einem Photo vor dem Porträt Wilhelms II. aufbaut. Rechts neben der Braut ist Maria Nabokow zu sehen, zu ihrer Linken Jelena Iwanowna. Nabokov ist in der obersten Reihe der zweite von links. Von jetzt an verbringt er seine Semesterferien in Berlin, nicht mehr in London.

Nabokov mit seiner Verlobten Swetlana
Siewert und deren Schwester Tatjana 1921
oder 1922 in Berlin. Ein halbes Jahr
nach dem Tod seines Vaters mußte Nabokov
die Verlobung auf Druck von Swetlanas
Familie lösen, was den ohnehin schwer mit-
genommenen Schriftsteller zusätzlich traf.

Auch Wladimir Dmitrijewitsch Nabokow, hier auf einer kurz vor seinem Tod entstandenen Aufnahme, war ein hochproduktiver Schriftsteller, der zahlreiche Aufsätze vornehmlich über juristische Probleme verfaßte. Vladimir, der im Stil seines Vaters noch die Solidität und Selbstachtung des 19. Jahrhunderts zu spüren meinte, hatte großen Respekt vor dieser Leistung, und er blieb dem Geschmack seines Vaters auch insofern treu, als er dessen Lieblingsbuch, Flauberts *Madame Bovary*, zum Thema einer berühmt gewordenen Vorlesung machte.

In meinem Vater und um ihn herum, um diese klare und unmittelbare Kraft herum lag etwas, was sich in Worten schwer wiedergeben läßt, ein Schleier, ein Geheimnis, eine rätselhafte Zurückhaltung, die sich manchmal mehr, manchmal weniger bemerkbar machte. Es war, als ob diesen wahrhaftigen, sehr wahrhaftigen Menschen eine Aura von etwas noch Unbekanntem umgebe, was vielleicht das Allerwahrhaftigste an ihm war. Es stand nicht in direktem Zusammenhang mit uns oder mit meiner Mutter oder mit den Äußerlichkeiten des Lebens, ja nicht einmal mit Schmetterlingen (die ihm, das darf man wohl sagen, näher als alles andere waren); es war weder Nachdenklichkeit noch Melancholie – und ich finde kein Mittel, den Eindruck zu erklären, den sein Gesicht auf mich machte, als ich von außen durch das Fenster seines Arbeitszimmers blickte und sah, wie er, seine Arbeit plötzlich vergessend (ich konnte in meinem Innern spüren, wie er sie vergaß – als ob etwas durchgefallen oder verebbt sei), seinen großen klugen Kopf ein wenig vom Schreibtisch abwandte und auf die Faust stützte, so daß sich eine breite Falte von der Wange zur Schläfe erhob, und so eine Minute lang regungslos dasaß.

Russische Flüchtlinge gab es nach der Oktoberrevolution in nahezu allen größeren Städten Europas. In Berlin aber waren es besonders viele, und eine Schätzung aus dem Jahre 1923 nennt die stolze Zahl von 360 000 Emigranten. Sie brachten ihre Vorlieben, ihre Gewohnheiten und Bedürfnisse mit, und so entstand binnen kurzem das russische Berlin mit eigenen Restaurants und Cafés, Arzt- und Anwaltspraxen, Sport- und Gesangsvereinen. Auch eine Reihe russischer Zeitungen und Zeitschriften wird ins Leben gerufen: Da gibt es den *Doppeladler* für die Monarchisten, den *Aufruf*, dann den *Judenfresser* für frühe Faschisten und den *Sozialistischen Boten* für die Menschewiki. Auch eine liberale Zeitung wird gegründet, *Rul*, auf deutsch *Das Steuer*, herausgegeben vom Freund der Familie Jossif Wladimirowitsch Hessen.

Die Aufnahme zeigt die Setzerei für die russischen Emigrantenzeitungen *Rul* und *Nasch Mir* (*Unsere Welt*) im Ullstein Verlag.

Titelblatt der russisch-demokratischen Tageszeitung *Rul* vom 30. März 1922. Die Schlagzeile lautet: »Wladimir Dmitrijewitsch Nabokow ist auf tragische Weise umgekommen«.

Am 28. März 1922 wird Wladimir Dmitrijewitsch Nabokow in Berlin Opfer eines Attentats, das ihm eigentlich nicht gegolten hat. Pawel Miljukow, ein führender Kopf der antibolschewistischen Opposition, sollte am Abend in der Philharmonie eine Rede halten. Auch Nabokow kam, um ihn zu hören. Nach dem ersten Teil des Vortrags erhob sich aus den vorderen Reihen ein Mann namens Sergej Taburizki, zog einen Revolver, rief: »Für die Zarenfamilie und Rußland!« und feuerte mehrere Schüsse auf Miljukow ab, der jedoch, von Umstehenden zu Boden gerissen, unverletzt blieb. Als Nabokow daraufhin aufsteht und den Attentäter zu entwaffnen sucht, wird er von drei Kugeln getroffen. Eine dringt durch die Lunge ins Herz; er stirbt innerhalb von Minuten.

Vladimir Nabokov hat die Ereignisse dieses Tages, der wohl der einschneidendste seines Lebens war, im Tagebuch festgehalten. Der Anruf, der ihn erreicht, als er seiner Mutter gerade Gedichte von Alexander Blok vorliest, hält mit der Todesnachricht noch zurück: »›Bleiben Sie ruhig. Auf dem Treffen sind Schüsse gefallen. Ihr Vater ist verwundet worden.‹ ›Schlimm?‹ ›Ja, schlimm.‹ Sie blieben unten, ich folgte Mutter. Wiederholte, was man mir gesagt hatte, innerlich wissend, daß die Wahrheit verharmlost worden war. Wir gingen nach unten ... Wir fuhren los ... an diese nächtliche Fahrt erinnere ich mich als an etwas außerhalb des Lebens, monströs verlangsamt, wie jene mathematischen Rätselaufgaben, die uns in fiebrigem Halbschlaf quälen.«

Als man in der Philharmonie eintrifft, steht dort Jossif Hessen mit einem Freund. Das Tagebuch fährt fort: »Sie treten zu uns. Ich stütze Mutter. ›August Isaakijewitsch, was ist passiert, sagen Sie, was ist passiert?‹ fragt sie und greift ihn bei den Jackenärmeln. Er breitet seine Hände aus. ›Etwas Schreckliches.‹ Er seufzt, kann nicht fortfahren. ›Also ist alles aus, alles aus?‹ Er sagt nichts ... Ihre Zähne klappern, ihre Augen weichen uns aus. Und Mutter verstand. Ich glaubte, sie würde ohnmächtig werden. Sie warf ihren Kopf zurück, auf merkwürdige Weise, machte, die Augen auf den Boden geheftet, ein paar Schritte und breitete dann, sehr langsam, die Arme wie vor etwas Unsichtbarem aus.«

Freud meinte, daß der Tod des Vaters das zentrale Ereignis im Leben jedes Sohnes sei. Für Nabokov, den Antifreudianer, war er dies tatsächlich: Von nun an taucht das Wort »Gott« in seiner Poesie nicht mehr auf. Der Tote begleitet ihn den Rest seines Lebens, und unverkennbar verstärkt sich sein Interesse für Geisterkommunikation, dem Exegeten mittlerweile ganze Bücher widmen. Nie wieder wurde seine lebensbejahende Haltung einer härteren Prüfung unterzogen, und noch sein vierzig Jahre später geschriebener Roman *Fahles Feuer* entschlüsselt sich auch durch den Umstand, daß der Todestag des durch eine Verwechslung ermordeten Erzählers der Geburtstag von Wladimir Dmitrijewitsch Nabokow ist.

Immer wenn ich in meinen Träumen die Toten sehe, erscheinen sie schweigsam, besorgt und seltsam bedrückt, ganz anders als ihr eigentliches, geliebtes, strahlendes Selbst.

Von meinem Platz am Tisch aus konnte ich plötzlich in einem der Westfenster einen wunderbaren Fall von Levitation erleben. Für einen Augenblick war dort die Gestalt meines Vaters in seinem windgekräuselten weißen Sommeranzug zu sehen, prächtig mitten in der Luft ausgebreitet, die Glieder in einer seltsam lässigen Haltung, seine wohlgestalten, unerschütterlichen Gesichtszüge dem Himmel zugewandt. Dreimal flog er solchermaßen in die Höhe, beim zweitenmal ging es höher als beim ersten, und dann, bei seinem letzten, luftigsten Flug, lehnte er sich wie für alle Zeiten gegen das Kobaltblau des Sommermittags, einem jener paradiesischen Wesen gleich, die mit dem ganzen Faltenreichtum ihrer Gewänder mühelos am Deckengewölbe einer Kirche schweben, indes unten schmale Wachskerzen in sterblichen Händen eine nach der anderen aufflammen, um im Weihrauchnebel einen Schwarm winziger Feuer zu bilden, der Priester von ewiger Ruhe singt und Trauerlilien das Antlitz des Menschen verdecken, der dort unter den schwebenden Lichtern in dem offenen Sarge liegt.

Nabokov im Sommer nach dem Tod seines Vaters im Haus von Swetlana Siewerts Eltern in Berlin-Lichterfelde.
In späteren Jahren glaubte er, auf seinen Heimfahrten von den Siewerts in der Straßenbahn des öfteren einen bleichen, zierlichen jungen Mann mit »glühenden Augen« gesehen zu haben, den er einige Zeit darauf anhand von Photos als Franz Kafka wiedererkannte. Die Forschung allerdings hat heute Zweifel an dieser Version.

Vladimir Nabokov (zweiter von links) im Kreise seiner Kommilitonen in Cambridge; ganz rechts Zimmernachbar Robert Decalry. Es ist der Juni des Jahres 1922. Noch im selben Monat verläßt Nabokov das Land und geht nach Berlin, wo er bis 1937 bleiben wird.

3 Berlin, Paris: W. Sirin, der unbekannte Klassiker

Ich verstehe nicht, aus welchem Grund
ich solch einen traurigen Gesichtsausdruck
habe.
Das bin ich, Wladimir Sirin, mit Hut,
mit Seidenschal.
Das Leben ist schön, die Welt ist weit –
aus welchem Grund bin ich dann traurig?

Nach dem plötzlichen Tod seines Vaters ist Nabokov, bis dahin ein im ganzen eher heiterer und lebensfroher Mensch, einer Depression nahe. Tiefe Niedergeschlagenheit, die miserable finanzielle Lage der durch den Verlust des Mannes erschütterten Mutter, die Trennung von seiner Verlobten, das Heimweh nach Rußland und das Leid des Exils – alles scheint übermächtig und ohne Ausweg. Im Herbst 1923 übersiedelt die Mutter mit den Schwestern Olga und Elena und dem jüngsten Bruder Kirill schließlich nach Prag, wo sie von der tschechischen Regierung eine kleine Rente erhält.

Inzwischen blüht in Berlin das literarische Leben. In den Cafés trifft sich alles, was unter russischen Literaten damals Rang und Namen hat: Gorkij, Belyj, Pasternak, Majakowski, Remizow, Piljnak, Alexej Tolstoj, Ehrenburg, Chodasevic, Zwetajeva, Schlowski, um nur die bekannteren zu nennen. Es ist die Zeit, in der Lenin mit der sogenannten NEP, der »Neuen Ökonomischen Politik«, für einige Jahre eine Liberalisierung der neugegründeten Sowjetunion anstrebt: Auch für die Schriftsteller ist es jetzt leichter, in den Westen zu reisen. Auf diese Weise wird die russische Intellektuellenszene im Exil mit sowjetischen Kollegen konfrontiert; bald kommt es zu Kooperationen und zu Brüchen, unter anderem mit der literarischen Gruppe »Die Spindel«, der Nabokov kurze Zeit angehört (sie löst sich genauso schnell wieder auf, wie sie gegründet worden ist). Einige Exilschriftsteller entschließen sich, ermutigt von den Versprechungen, die der Parteiapparat Moskaus ihnen zusichert, nach Rußland zurückzukehren. Allerdings ändert sich der liberale Kurs bald wieder, 160 Intellektuelle und Künstler werden Ende der zwanziger Jahre aus Rußland ausgewiesen, und abermals landen die meisten von ihnen in Berlin, darunter Julij Aichenwald, der beste russische Literaturkritiker seiner Zeit, der bald ein Fürsprecher W. Sirins wird.

Während dieser Zeit entsteht der literarische Zirkel »Bruderschaft des runden Tisches«. Er umfaßt eine Gruppe literarischer Freunde, die sich gegenseitig ihre Werke vorlesen. So eröffnen sich für Nabokov in Berlin gleich mehrere Möglichkeiten, seine Texte einem größeren Publikum vorzustellen: in *Rul* und *Slovo* ebenso wie in öffentlichen Lesungen, die von verschiedenen Organisationen zur Erhaltung der russischen Kultur arrangiert werden, zum Beispiel von den »Freunden der russischen Kultur«, dem »literarischen Klub« um Julij Aichenwald oder dem Literaturzirkel, den Nabokov 1925 mitbegründet. Er selbst schreibt in dieser Zeit nicht nur Gedichte, sondern auch Erzählungen, Dramen und Sketche für russische Kabaretts, vor allem für den sogenannten Blauen Vogel. Daneben verdient er sich seinen Lebensunterhalt mit Rezensionen und Übersetzungen, mit Nachhilfestunden – seine Haupteinnahmequelle bis 1929 –, mit Tennisstunden und Boxunterricht. Außerdem leiht er seinen Schatten manchmal deutschen Stummfilmproduktionen.

Als sich das Zentrum der russischen Emigration 1924 nach Paris verlagert, bleibt Nabokov in Berlin. Hier sieht er sich weniger der Gefahr ausgesetzt, daß sich sein Russisch zurückbilden oder gar verkümmern könnte. Konsequent schottet er sich gegen jeglichen deutschen Einfluß ab: Berlin dient ihm lediglich als Kulisse seiner Texte, die Berliner selbst als unfreundliche Statisten eines Emigrantendaseins, das sich äußerlich als Abfolge gemieteter möblierter Zimmer darstellt.

W. Sirins Romane und viele seiner Erzählungen, die er in Berlin von 1922 bis 1937 schreibt, gleichen in diesem Sinne einer doppelt belichteten Photographie: Oberflächlich spiegeln sie die nächste Umgebung wider, darunter aber liegt die Erinnerung, die Sehnsucht nach dem Rußland der Kindheit.

Am 8. Mai 1923 trifft Nabokov auf einem russischen Maskenball seine künftige Frau: Véra Slonim. Zwei Jahre später, am 15. April 1925, heiraten sie. Im Lauf der Jahre wird Véra seine Muse und ideale Leserin; seine Sekretärin, Lektorin, Übersetzerin, seine Agentin, Managerin, Rechtsberaterin, und sein Chauffeur ist sie ohnehin. »Oft erscheint im Innern meiner Bücher ihr Spiegelbild, hervorgezaubert durch irgendwelche rätselhaften Lichtreflexe«, sagt Nabokov später in Interviews, während Véra behauptet: »Er bewies immer den guten Geschmack, mich aus seinen Werken herauszulassen.«

Mit seinem ersten Roman *Maschenka*, den Nabokov im Oktober 1925 fertigstellt, gelingt ihm ein intellektueller Durchbruch. Julij Aichenwald nennt Sirin einen »neuen Turgenew«. 1928 wird der Roman von Ullstein unter dem Titel *Sie kommt – kommt sie?* veröffentlicht, und bereits zu dieser Zeit ist Sirins Ruf als talentiertester unter den jüngeren russischen Exilschriftstellern etabliert. Sein nächster Roman *König, Dame, Bube* wird direkt ins Deutsche übersetzt. Mit dem Geld für die Rechte, das er von Ullstein bekommt, kann er sich mit seiner Frau einen ausgedehnten Pyrenäenaufenthalt leisten; er geht auf Schmetterlingsjagd und beginnt sein erstes Meisterwerk, *Lushins Verteidigung*, das zunächst in der führenden Pariser Emigrantenzeitschrift *Zeitgenössische Annalen* von Oktober 1929 bis April 1930 abgedruckt wird. Damit ist W. Sirin als russischer Schriftsteller anerkannt. Als er wegen des Nationalsozialismus Deutschland 1937 verläßt, ist er Autor von neun russischen Romanen – *Maschenka* (1925), *König, Dame, Bube* (1927–28), *Lushins Verteidigung* (1929), *Der Späher* (1929–30), *Die Mutprobe* (1930), *Camera Obscura* (1931), *Verzweiflung* (1932), *Einladung zur Enthauptung* (1934), *Die Gabe* (1934–38) – und zahlreichen russischen Erzählungen (1924–28), die unter dem Titel *Chorbs Rückkehr* 1929 als Sammelband erscheinen.

Nabokov beginnt mit der Arbeitssuche in England und Frankreich, während Véra und der dreijährige Sohn Dmitri im April 1937 zunächst nach Prag zu Nabokovs Mutter reisen. Nabokov kommt im Mai nach. Im Juli geht die Familie nach Cannes. Mehr als ein Jahr bleiben sie an der Côte d'Azur; einige Zeit wohnen sie in Menton, Moulinet und Cap d'Antibes, bevor sie im Oktober 1938 nach Paris in die Rue de Saigon 8 ziehen. Hier schreibt Nabokov nachts im Badezimmer der kleinen Wohnung, um den Schlaf seines »zukünftigen Übersetzers« nicht zu stören, seinen ersten englischen Roman, *Das wahre Leben des Sebastian Knight*, den er im Januar 1939 beendet.

Im Mai 1939 stirbt Nabokovs Mutter in Prag. Da er in Frankreich keine Arbeitserlaubnis hat, versucht er erneut, in England eine Stelle zu finden – vergeblich. Schließlich ergibt sich durch den Schriftstellerkollegen Mark Aldanov die Möglichkeit, einen Sommerkurs an der Stanford University zu halten. Doch auch nachdem die Nabokovs ihre US-Visa im Dezember 1939 erhalten haben, müssen sie sich in langem Hin und Her noch um französische Ausreisevisa bemühen, bevor ihnen mit Hilfe einer russisch-jüdischen Organisation, kurz vor dem Einmarsch der Deutschen in Paris, endlich die Flucht nach Amerika gelingt.

Ich bin nur ein armer junger Russe, der den Überschuß einer vornehmen Erziehung verkauft, in seiner Freizeit Verse kritzelt, das ist meine ganz kleine Unsterblichkeit.

Im Sommer 1922 beginnt Nabokov, *Alice in Wonderland* ins Russische zu übertragen. Damit entdeckt er nicht nur Lewis Carroll für Rußland, sondern schafft auch die beste russische Übersetzung, die es von diesem wunderlichen Meisterwerk gibt. Das Motto von *Through the Looking Glass* könnte auch über Nabokovs Texten stehen: »Zusammen mit der kleinen Alice werden wir durch den Spiegel gehen und uns im Wunderland wiederfinden, wo alles bekannt, vertraut und zugleich so seltsam und ungewöhnlich ist.« Auch Nabokovs Spiegel-, Schatten-, Schein- und Wunderwelten kreisen um das Wechselspiel von Kunst und Wirklichkeit, Sein und Schein, Tarnung und Täuschung, und nicht zufällig hat *Alice in Wonderland* Nabokovs *Lolita* in zahlreichen Handlungszügen und Motiven geprägt.

Sie waren in erbarmungswürdigen Umständen, ohne Geld, ohne Garderobe, in aller Regel ohne Kenntnis der deutschen Sprache, oft auch ohne Ausbildung und berufliche Fähigkeiten: Emigranten im Berlin der zwanziger Jahre. Zugleich ist es eine große Zeit der Literaten und der Literatur. Aus allen Himmelsrichtungen kommen Schriftsteller, Gelehrte und Publizisten in die Stadt, Robert Musil und Joseph Roth aus Wien, Franz Kafka aus Prag, Bertolt Brecht aus Augsburg und Ernst Jünger aus Leipzig. Zugleich entsteht eine russische Literaturszene, die im Café Léon am Nollendorfplatz eines ihrer Zentren hat; man trifft sich zu Gesprächen und Lesungen, und außer Vertretern des Symbolismus und des untergegangenen »Silbernen Zeitalters« treten gelegentlich auch die Dichter des neuen Rußland auf, Jessenin beispielsweise und Majakowskij. Auch Nabokov bestritt hier, noch unter dem Pseudonym W. Sirin, eine Reihe von Lesungen, und im März 1924 hat er sein unveröffentlichtes Drama *Tragedija Gospodina Morna* (*Die Tragödie des Herrn Morn*) an dieser Stelle vorgetragen.

Meine Leidenschaft für gute Literatur brachte mich mit verschiedenen Exilschriftstellern in engen Kontakt. Ich war jung damals und hatte an der Literatur ein viel lebhafteres Interesse als heute. Die Prosa und Poesie der Zeitgenossen, helle Planeten und Milchstraßensysteme, zogen Nacht auf Nacht vor meinem Mansardenfenster vorbei. Es gab unabhängige Schriftsteller von unterschiedlichem Alter und Talent, und es gab Konventikel und Cliquen, in denen sich eine Zahl junger oder jüngerer, teilweise sehr begabter Schriftsteller um einen philosophierenden Kritiker scharte. … Sie sehnten sich nach einem Glaubensbekenntnis, wie ein im Gefängnis sitzender Rauschgiftsüchtiger sich in seinen Freudenhimmel sehnt.

Wenn ich auf jene Jahre des Exils zurückschaue, sehe ich mich und Tausende anderer Russen ein seltsames, aber keineswegs unangenehmes Leben in materieller Armut und intellektuellem Luxus führen, ein Leben unter völlig belanglosen Fremden, geisterhaften Deutschen und Franzosen, in deren mehr oder minder unwirklichen Städten wir, die Emigranten, zufällig unser Domizil genommen hatten.

Wie viele seiner Landsleute haßte Nabokov Berlin, das man mit gutem Grund die »Stiefmutter unter den russischen Städten« genannt hat. Denn die Lage der russischen Flüchtlinge in der Hauptstadt des Deutschen Reiches war prekär und widersinnig: Schließlich war dies das »Feindesland« der Jahre 1914 bis 1918, das in jenem »plombierten Zug« Lenin zum Finnischen Bahnhof in St. Petersburg gebracht hatte. Und als Rathenau am 16. April 1922 in Rapallo auch noch offizielle diplomatische Beziehungen mit der Sowjetunion aufnimmt, ist dem Anspruch der Emigranten auf Vertretung der russischen Interessen endgültig der Boden entzogen. Alle Hoffnungen auf eine Rückkehr sind von diesem Zeitpunkt an nichtig geworden.

Sie war eine jener seltenen, sehr seltenen
Frauen, welche die Welt nicht für selbst-
verständlich halten und auch die Dinge des
Alltagslebens nicht nur als vertraute Spiegel
ihrer Weiblichkeit betrachten. Sie hatte
Phantasie – den Muskel der Seele –, und
zwar eine besonders kräftige, beinahe
männliche Phantasie. Auch besaß sie jenen
wahren Schönheitssinn, der viel weniger mit
Kunst zu tun hat als mit der stetigen Bereit-
schaft, den Glorienschein um eine Brat-
pfanne und die Ähnlichkeit zwischen einer
Trauerweide und einem schottischen
Terrier wahrzunehmen. Und endlich war sie
mit einem wachen Sinn für Humor gesegnet.
Kein Wunder, daß sie so gut in sein Leben
paßte.

Am 8. Mai 1923 besuchte Nabokov eine der bei den Emigranten beliebten Wohltätigkeitsveranstaltungen, einen Maskenball. Véra Jewsejewna Slonim, eine junge, hochaufgeschossene Frau in wolfsähnlicher Maske, spricht ihn an. Er ist sofort fasziniert von dem mädchenhaften Gesicht unter der Larve des wilden Tieres; sie wiederum kannte die Poesie von W. Sirin und bewunderte ihren Autor. Und sie wußte, daß Sirin ein Pseudonym Nabokovs war: Ihrem Vater gehörte ein kleiner Verlag, für den Nabokov von Zeit zu Zeit Übersetzungen anfertigte.

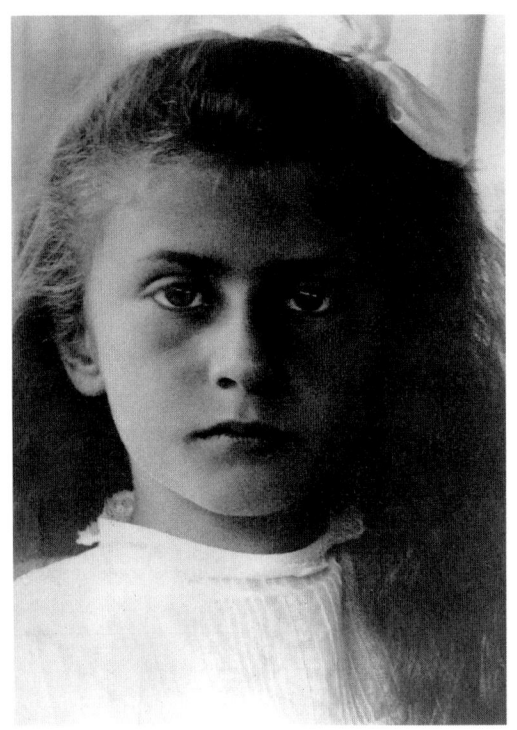 

Véra Slonim kam am 5. Januar 1902 als zweite von drei Töchtern eines jüdischen Anwalts zur Welt und besuchte in St. Petersburg das Obolenskij-Gymnasium, ganz in der Nähe der Tenischew-Schule, auf die Nabokov ging. Oft war sie als Kind am Haus der Nabokovs vorbeigelaufen, ein Umstand, der Véra und Vladimir später viel beschäftigte.
Die beiden Aufnahmen sind um 1908 entstanden. Rechts Véra mit ihrer Schwester Sofia und Jewsej Slonim, ihrem Vater.

Im Grunde genommen hätte Véra ihrem Geliebten und späteren Mann schon früher begegnen können. Denn genau wie Nabokov stammte sie aus einer jener gebildeten und wohlhabenden Petersburger Familien, die von der Revolution aus Rußland vertrieben wurden.
In Berlin arbeitete sie dann als Dolmetscherin, Nachhilfelehrerin für Englisch und als Statistin in den Stummfilmen, die in den Babelsberger Studios entstanden.

Und über diese Straßen, die jetzt so breit sind wie glänzende schwarze Meere, zu dieser späten Stunde, da die letzte Kneipe längst zugemacht hat, läuft ein Mann aus Rußland, bar der Fesseln des Schlafs, hutlos und ohne Jacke unter dem alten Regenmantel, in hellseherischer Versunkenheit umher; zu dieser späten Stunde zogen über diese breiten Straßen Welten, die einander vollkommen fremd waren: nicht mehr irgendein Nachtschwärmer, keine Frau, kein einfacher Passant, sondern jeder eine völlig abgeschlossene Welt, jeder eine Ganzheit aus Wundersamem und Bösem.

»Das ist es, was ich tun möchte«, sagte er. »Etwas, was dem Werk des Schicksals in bezug auf uns ähnlich ist. Denk doch, wie das Schicksal es vor über dreieinhalb Jahren begonnen hat ... Der erste Versuch, uns zusammenzubringen, war plump und schwerfällig! ...«
»Gib acht«, sagte Sina, »es könnte über diese Kritik gekränkt sein und sich rächen.«
»Hör weiter zu. Das Schicksal machte einen zweiten Versuch, simpler dieses Mal, aber aussichtsreicher, denn ich brauchte Geld und hätte zugreifen sollen, als man mir eine Arbeit anbot: einem unbekannten russischen Fräulein bei der Übersetzung irgendwelcher Dokumente zu helfen; aber auch dies schlug fehl ... Nach diesem Mißerfolg beschloß das Schicksal endlich, keinerlei Risiko mehr einzugehen und mich genau dort unterzubringen, wo du wohntest ... Und dann, am Ende seiner Weisheit angelangt, unfähig, dich mir sofort zu zeigen, zeigte mir das Schicksal als letztes verzweifeltes Manöver dein bläuliches Ballkleid auf dem Stuhl – und seltsam, ich weiß selber nicht warum, aber das Manöver gelang, und ich kann mir vorstellen, welchen Seufzer der Erleichterung das Schicksal ausgestoßen hat ...
Ist das denn etwa kein Stoff für einen bemerkenswerten Roman? Was für ein Thema!«

Der Begriff des Schicksals, scheinbar verschlissen, spielt für Nabokov eine große Rolle. In seinem Roman *Die Gabe* beschreibt er seine Überzeugung, »daß die Ausführung eines Plans in einer anderen Welt bereits existierte«. So empfanden Véra und er ihr Zusammentreffen als vorherbestimmt; später beugten sie sich lange über ihre Tagebücher, um den von zahlreichen Finten und Verzögerungen geprägten Weg ihres Zusammentreffens zu rekonstruieren. Die verschlungenen Wege des Zufalls, die er beim Tod seines Vaters auf schäbige und tragische Weise erfahren hatte, fand Vladimir hier glückhaft, ja fast magisch zum Ziel geführt.

[85]

Weißt du, manchmal werde ich
wahrscheinlich todunglücklich mit dir sein.
Aber im großen und ganzen spielt das keine
Rolle, ich lasse mich darauf ein.

**Véra Nabokov Mitte der zwanziger Jahre
in Berlin**

Die Armut des jungen Emigranten ist so groß, daß er sie sogar bei seiner Hochzeit am 15. April 1925 in Berlin-Wilmersdorf zu spüren bekommt. Als Véra und Vladimir das Rathaus verlassen, gratuliert ihnen einer der Türsteher in der Erwartung eines Trinkgelds. Doch ohne Erfolg: Nabokov hat keinen Pfennig mehr in der Tasche, weil er sein ganzes Geld für das bürokratische Vorspiel der Hochzeit ausgegeben hat.

Mitte der zwanziger Jahre, im sechsten Jahr seines Exils, läßt Nabokov im KaDeWe ein Photo von sich machen.

Geheiratet haben wir in Berlin, im April 1925, als ich mitten in der Arbeit an meinem ersten russischsprachigen Roman war. Wir waren zum Schreien arm, ihr Vater war ruiniert, meine verwitwete Mutter fristete ihr Leben von einer Pension, die hinten und vorn nicht reichte, meine Frau und ich wohnten zur Untermiete in tristen Zimmern im Berliner Westen, im hageren Schoß deutscher Soldatenfamilien; ich gab Tennis- und Englischstunden, und neun Jahre später, 1934, beim Anbruch einer neuen Ära, kam unser einziger Sohn auf die Welt. Ende der dreißiger Jahre wanderten wir nach Frankreich aus. Man fing an, meine Sachen zu übersetzen, und meine Lesungen in Paris und anderswo waren gut besucht.

Vladimir und Véra Nabokov Mitte der zwanziger Jahre in Berlin-Charlottenburg

Wenn ich so mit dir gehe, ganz langsam, und dich bei der Schulter halte, schwankt alles ein wenig, summt mir der Kopf, und ich möchte meine Füße nur nachziehen; mein linker Pantoffel rutscht von der Ferse, wir kriechen, trödeln, schwinden in einem Nebel dahin – jetzt sind wir fast ganz zerschmolzen …

ВЛАДИМІРЪ СИРИНЪ

МАШЕНЬКА

РОМАНЪ

КНИГОИЗДАТЕЛЬСТВО „СЛОВО"

Hochverehrter und lieber
Iwan Alexejewitsch,
mir ist sowohl froh als auch schrecklich
zumute, Ihnen mein erstes Buch zu
schicken. Beurteilen Sie mich nicht zu
streng, ich bitte Sie darum.
Von ganzem Herzen Ihr

W. Sirin   Berlin, Mai 1926

Die handschriftliche Widmung an Iwan Alexejewitsch Bunin macht die Verehrung, ja die Schüchternheit des jüngeren Schriftstellers gegenüber dem berühmtesten Autor der russischen Emigration deutlich, der 1933 den Nobelpreis für Literatur erhielt.

Mein erster russischsprachiger Roman entstand 1924 in Berlin – das war *Maschenka*, und die allererste Übersetzung eines Buches von mir war eine deutsche *Maschenka* mit dem Titel *Sie kommt – kommt sie?* 1928 bei Ullstein … Als ich 1921 von England nach Berlin übersiedelte, verstand ich von der deutschen Sprache nur das wenige, das ich … im Winter 1910 in Berlin aufgeschnappt hatte, als mein Bruder und ich uns in Begleitung eines russischen Hauslehrers dort aufhielten, um von einem amerikanischen Zahnarzt unsere Zähne in Ordnung bringen zu lassen … Meine einzigen Abstecher in die Landessprache waren der Austausch von Höflichkeiten mit wechselnden Zimmervermietern und -vermieterinnen und das Alltagserfordernis des Einkaufens: »Ich möchte etwas Schinken.«

Kurz nachdem er Véra kennengelernt hatte, begann Nabokov mit der Arbeit an seinem ersten Roman *Maschenka*. Das ist eine der Paradoxien seines Schriftstellerlebens: Während seine Liebe zu Véra wächst, verherrlicht er in seinem Buch die lang vergangene Leidenschaft zu jener Walentina Schulgina, die als die »Tamara« seiner späteren Autobiographie berühmt werden sollte.

Wenn Véras Bedeutung für das Leben Nabokovs im ganzen kaum zu überschätzen ist, dann gilt dies namentlich für ihren unerschütterlichen Glauben an sein Genie. »Die russische Literatur hat seinesgleichen nicht gesehen«, schrieb sie über einen Roman Vladimirs in einem Brief, und in *Die Gabe* sagt die weibliche Hauptfigur an einer Stelle: »Das ist alles wunderbar ... Es gefällt mir alles enorm. Ich glaube, Du wirst ein Schriftsteller, wie es ihn noch nie gegeben hat, und Rußland wird geradezu nach dir schmachten, wenn es zu spät zur Besinnung kommt.«

Das Photo zeigt Véra Anfang der dreißiger Jahre in Berlin

Was an ihr fesselte ihn mehr als alles andere? Ihr vollkommenes Verstehen, der absolute Kammerton ihres Instinkts für alles, was er selber liebte? Sprach man mit ihr, konnte man ohne alle Brücken auskommen, und noch bevor er Zeit gefunden hatte, eine amüsante Eigenschaft der Nacht zu bemerken, wies sie ihn schon darauf hin. Nicht genug damit, daß Sina von einem gewissenhaften Schicksal gesandt und elegant nach Maß für ihn gemacht war, sondern sie beide waren, einen einzigen Schatten bildend, nach einem Maß gemacht, das nicht gänzlich faßbar, aber wundervoll und gütig war und sie ständig umgab.

Véra während eines Sommerurlaubs auf Rügen, Pommerania-Bucht, im August 1927

Obwohl Nabokov bemerkt hat, daß er es »unter dem germanischen Militär- und Musikregime« Platons kaum lange ausgehalten hätte, trägt seine Ästhetik stark platonische Züge. Ähnlich wie für Platon Erkennen im wesentlichen Erinnern war, hat Nabokov geglaubt, seine Werke seien in ihm gleichsam schon vorgeprägt, er müsse sie nur noch wie einen Film entwickeln.

Es ist seltsam, mir ist als erinnerte ich mich an meine zukünftigen Werke, obwohl ich nicht einmal weiß, wovon sie handeln werden. Ich werde sie mir vollständig ins Gedächtnis rufen und sie schreiben.

1928 erschien *König Dame Bube*, einer der in Berlin spielenden Romane Nabokovs, vordergründig eine Dreiecksgeschichte mit eher flachen Figuren. Doch in einer Reihe kompositorischer Finessen, vor allem in untergründigen Schach-Analogien, weist das Buch schon auf die späteren großen Romane.

Diese Einheimischen schienen genauso flach und durchsichtig wie aus Zellophanpapier geschnittene Figuren, und obwohl wir ihre Einrichtungen benutzten, ihren Clowns Beifall klatschten und am Straßenrand ihre Pflaumen und Äpfel pflückten, bestand zwischen uns und ihnen keine wirkliche Beziehung von der herzlichen, menschlichen Art, wie sie in unserer eigenen Mitte so verbreitet war.

Russen im Berlin der zwanziger Jahre

»Wenn wir in Rußland wären, Klarotschka, würde Ihnen sicher ein Landarzt oder ein wohlhabender Architekt den Hof machen. Sagen Sie einmal ganz ehrlich – lieben Sie Rußland?«
»Sehr.«
»Recht so. Wir sollten Rußland lieben. Ohne unsere Emigrantenliebe ist es aus mit Rußland. Drüben liebt es niemand.«
»Ich bin jetzt sechsundzwanzig«, sagte Klara. »Ich schreibe den ganzen Vormittag Maschine, und fünfmal in der Woche arbeite ich bis abends um sechs. Das macht mich sehr müde. Ich bin ganz allein in Berlin. Was meinen Sie, Anton Sergejewitsch – wird das so noch lange weitergehen?«

Für Nabokov war das Exil nicht bloß eine flüchtige Episode, sondern ein permanentes Lebensgefühl; nicht ohne Grund hat er seine Geschichte gelegentlich als eine »glückliche Heimatvertreibung« bezeichnet, »die praktisch mit dem Tag meiner Geburt begann«. Dennoch war der Alltag eines Emigranten alles andere als eine Idylle, vielmehr von strapaziösen Behördengängen geprägt.

Unsere völlige physische Abhängigkeit von dieser oder jener Nation, die uns kühl politisches Asyl gewährt hatte, wurde schmerzlich offenbar, wenn irgendein erbärmliches »Visum«, irgendein teuflischer »Personalausweis« beantragt oder verlängert werden mußte, denn dann versuchte die gierige bürokratische Hölle, sich um den Bittsteller zu schließen, und er mochte alt und grau werden, während seine Akte in den Schreibtischen von Konsuln und Polizeibeamten mit Rattenbärten praller und praller anschwoll. *Dokumenty* hat man gesagt, seien die Plazenta des Russen.

Daß Vladimir Nabokov ein begeisterter Tennisspieler war und sich mit dieser Sportart zeitweilig seinen Lebensunterhalt verdiente, ist bekannt. Weitgehend unbekannt blieb dagegen, daß er dem Fußballspiel kaum weniger Enthusiasmus entgegenbrachte. Er selbst hat sich einmal »einen launenhaften, aber ziemlich spektakulären Torwart« genannt.

Mit Begeisterung war ich Torwart. In Rußland und den romanischen Ländern ist jene edle Kunst immer von der Aura eines beispiellosen Glanzes umgeben gewesen. Erhaben, einsam, unbeteiligt, so schreitet der Held des Fußballtors durch die Straßen, verfolgt von hingerissenen kleinen Jungs. Er wetteifert mit dem Matador und Flieger-As als ein Gegenstand verzückter Verehrung. Sein Pullover, seine Schirmmütze, seine Knieschoner, die Handschuhe, die aus der Gesäßtasche seiner kurzen Hose ragen, heben ihn von der übrigen Mannschaft ab. Er ist der einsame Adler, der Geheimnisvolle, der letzte Verteidiger.

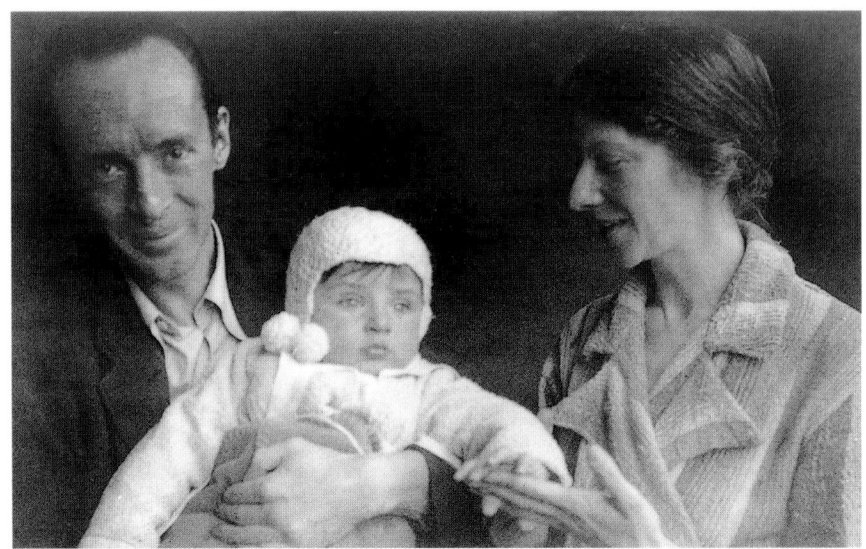

1934 wird Nabokovs einziges Kind geboren, Dmitri, der es sich heute zur Aufgabe gemacht hat, das Werk seines Vaters zu sichten, zu ordnen und editorisch zu betreuen. Für den Vater ist der Sohn immer der beste Übersetzer gewesen, wie zahlreiche Widmungen bezeugen. Indessen war die Geburt des Sohns nicht das einzige Großereignis jener Jahre: 1935 beginnt Nabokov an *Dar* (*Die Gabe*) zu arbeiten, ein Buch, das heute zu den größten russischen Romanen des Jahrhunderts gerechnet wird. Und doch sollte sein Autor mit keinem seiner bedeutenden Werke weniger Erfolg haben als mit diesem, denn der Roman verärgerte alle seine politischen Freunde, weil er ein ironisches Porträt des russischen Intellektuellen Nikolaj Gawrilowitsch Tschernyschewskij enthielt, einer Ikone der liberalen Opposition. So mußte Nabokov bei dem 1937 in der Pariser Emigrantenzeitschrift *Sowremennyje sapiski* begonnenen Vorabdruck schließlich auf das umstrittene Kapitel verzichten. Damit begann eine Publikationsgeschichte unendlicher Umwege: Erst 1952 erschien in New York eine russische Ausgabe von *Die Gabe*, und bis die erste Übersetzung ins Englische vorlag, vergingen noch einmal elf Jahre. Eine deutsche Ausgabe erschien 1993. Verglichen damit, war der Weg *Lolitas* zum Erfolg ein Kinderspiel.

Du erinnerst Dich an unsere Entdeckungen (die angeblich alle Eltern machen): die vollkommene Gestalt der Miniaturfingernägel an der Hand, die Du mir schweigend zeigtest, während sie wie ein gestrandeter Seestern in Deiner Handfläche ruhte; die Textur der Haut der Gliedmaßen und der Wangen, auf die Du mit gedämpfter, von weit her kommender Stimme aufmerksam machtest, als könne nur die Zartheit der Entfernung die Zartheit der Berührung ausdrücken; jenes schwebende, schräge, schwer faßbare Etwas in der dunkelblauen Färbung der Iris, die immer noch die Schatten zu enthalten schien, welche sie in alten, sagenhaften Wäldern in sich aufgenommen hatte.

Weißt Du, daß ich in meinen Handgelenken immer noch gewisse Echos der Kunst des Kinderwagenschiebens spüre, zum Beispiel den weichen Druck nach unten, den man auf den Griff ausübte, damit sich der Wagen auf die Hinterräder stellte und den Bordstein erklomm? Der erste war ein kompliziertes mausgraues Vehikel belgischen Ursprungs mit fetten autoiden Reifen und luxuriöser Federung, so groß, daß er nicht in unseren winzigen Fahrstuhl paßte.

Eine neue Welle der Evolution begann anzuschwellen und ihn nach und nach wieder emporzutragen, als er zu seinem zweiten Geburtstag einen ein Meter zwanzig langen silbernen Mercedes-Rennwagen erhielt, der wie ein Harmonium mittels innen angebrachter Pedalen angetrieben wurde und in dem er pumpend und rasselnd den Bürgersteig des Kurfürstendamms auf und ab fuhr, während aus den offenen Fenstern das vervielfältigte Gebrüll eines Diktators drang, der sich immer noch in jenem Neandertal an die Brust trommelte, das wir weit hinter uns gelassen hatten.

Die Nabokovs blieben länger in Berlin, als man angesichts der Zeitumstände erwarten konnte. Lange suchten sie den nationalsozialistischen Terror zu ignorieren; überdies fand Véra, obwohl sie Jüdin war, noch Anfang 1936 Arbeit als Fremdsprachenkorrespondentin. Im Ausland bot sich Vladimir keine Position: Erst als Sergej Taburizki, der Mörder seines Vaters, im Mai 1936 zum stellvertretenden Chef für Emigrantenangelegenheiten ernannt wurde, entschloß er sich zur Ausreise; Vladimir ging nach Paris, Véra mit Dmitri nach Prag zu ihrer Schwiegermutter.

Die Aufnahme (rechts) zeigt das Haus Nestorstraße 22 in Wilmersdorf, die letzte Berliner Adresse der Familie, in der Nabokov *Die Gabe* zu schreiben begann.

Vladimir Nabokov bevorzugte dieses Porträt aus dem Jahre 1936, das ihn während seiner Arbeit an *Die Gabe* zeigt; hingegen erklärte Véra die 1939 in Paris entstandene Aufnahme (rechts) zu ihrer Lieblingsphotographie.

Mit Paris sind meine allertrübsten
Erinnerungen verbunden, und übergroß
war die Erleichterung, der Stadt den
Rücken zu kehren.

In Paris unternahm Nabokov alles, um sich und seiner Familie das Überleben zu sichern. Er verstärkte seine Kontakte zu den französischen Intellektuellen, zu denen auch die Herausgeber und Mitarbeiter der *Nouvelle Revue Française* gehörten, des führenden literarischen Organs der Zeit. Häufig traf er auch mit Sylvia Beach und Adrienne Monnier zusammen, den Besitzerinnen der legendären Buchhandlung Shakespeare & Co. und ersten Verlegerinnen von James Joyces Roman *Ulysses*. Von links nach rechts: Sylvia Beach, Nabokov, Barbara Church, Adrienne Monnier, Germaine Paulhan, Henry Church, Henri Michaux, Jean Paulhan und Michel Leiris.

In Paris kam es auch zu einer flüchtigen Bekanntschaft zwischen Nabokov und James Joyce. Die Umstände ihrer Begegnung waren pittoresk. Im Chopin-Saal sollte eine ungarische Schriftstellerin lesen, erkrankte jedoch kurz vor der Veranstaltung; Nabokov sprang ein und mußte mit ansehen, wie die Hälfte der ungarischen Zuhörer den Saal bei seinem Erscheinen verließ. Da entdeckt er vom Podium aus zwei blitzende Brillengläser inmitten eines ungarischen Fußballteams, das ahnungslos sitzengeblieben war, und erkennt James Joyce. In dieser peinlichen Situation, erinnerte er sich später, sei die Anwesenheit des irischen Schriftstellers ein großer Trost für ihn gewesen.

Die Trennung der Familie fiel in eine Zeit, die für Nabokov nicht nur beruflich schwierig war. Was andere eine Affäre genannt hätten, war für ihn die einzige große Erschütterung, die seine lange und glückliche Ehe je erfahren sollte. Trotzdem blieb der Kontakt zu Véra und Dmitri auch danach so eng wie immer, und pünktlich zum dritten Geburtstag seines Sohnes trifft in Prag unten stehendes Telegramm ein.

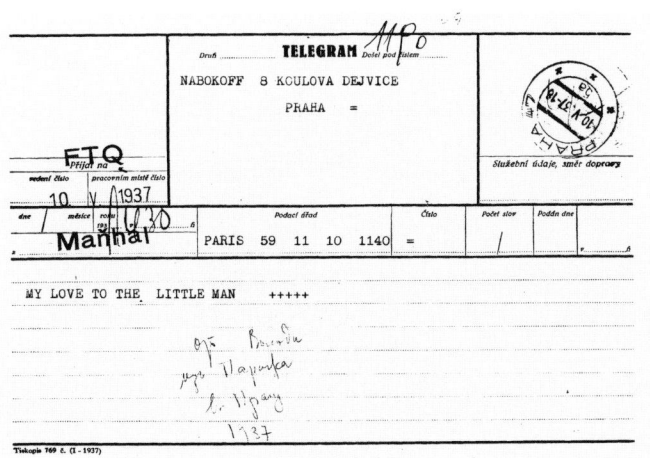

Nach dem Ersten Weltkrieg hatte Fridtjof Nansen, Hochkommissar für Flüchtlingsfragen beim Völkerbund in Genf, den Vorschlag gemacht, die vielen Tausende staatenlos gewordener Russen in Europa mit einem Dokument auszustatten, mit dem sie zum Grenzübertritt berechtigt waren und ohne größere Umstände Arbeit suchen konnten. Mehr als 40 Regierungen unterstützten den Vorschlag, und so wurde 1922 der sogenannte Nansen-Paß ausgegeben, den auch Vladimir und Véra Nabokov erhielten.

Der Völkerbund rüstete Emigranten, die ihre russische Staatsangehörigkeit verloren hatten, mit dem sogenannten Nansenpaß aus, einem höchst minderwertigen Dokument von kränklich grüner Farbe. Sein Inhaber war wenig mehr als ein auf Bewährung entlassener Verbrecher und hatte die größte Strapaze auf sich zu nehmen, wenn er etwa ins Ausland reisen wollte – je kleiner die Länder, desto mehr Umstände machten sie. Irgendwo an der Rückseite ihrer Drüsen sekretierten die Behörden die Vorstellung, daß, so übel ein Staat – zum Beispiel Sowjetrußland – auch sein mochte, ein Flüchtling etwas von vornherein Verächtliches war, da er außerhalb einer nationalen Verwaltung lebte; und so begegnete man ihm mit der hanebüchenen Mißbilligung, die gewisse religiöse Kreise einem unehelichen Kind entgegenbringen.

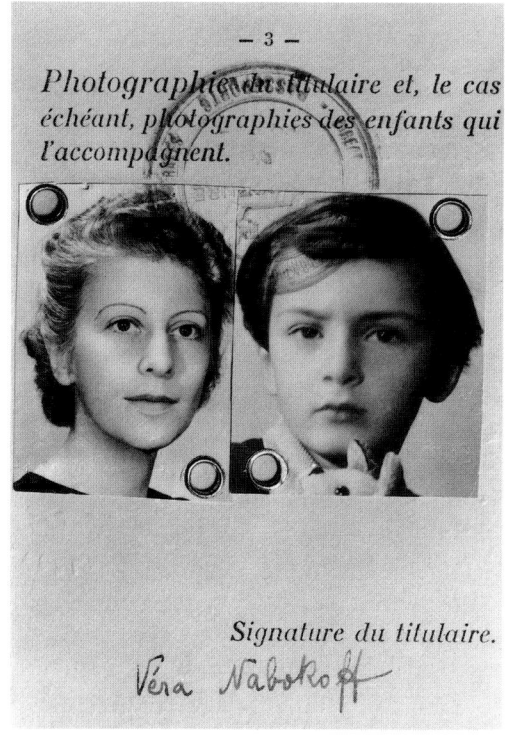

Im Sommer 1937 fährt die Familie von Prag zusammen nach Cannes. Doch das Verhältnis der Eheleute ist nicht unbelastet, beide leiden, wenn auch auf verschiedene Weise. Véra versucht die Untreue ihres Mannes, er den Verzicht auf eine große Liebe zu verwinden.

In *Das wahre Leben des Sebastian Knight* schildert Nabokov die qualvollen Selbstvorwürfe eines Mannes, der zu spät zum Sterbebett des von ihm am meisten geliebten Wesens kommt. Ähnliches war ihm mit seiner Mutter widerfahren, die am 2. Mai 1939 in Prag starb, ohne ihren Lieblingssohn noch einmal gesehen zu haben.
Das Bild zeigt Jelena Nabokow sechs Jahre vor ihrem Tod. Auf die Rückseite notierte Nabokov: »Mutter im zwölften Jahr des Exils. Prag. 1931«.

Und manchmal spielten sie das folgende Spiel: Sie saßen Seite an Seite und malten sich im stillen aus, daß jeder von ihnen denselben Spaziergang in Leschino mache; sie ließen den Park hinter sich, nahmen den Weg am Feld vorbei..., über den schattigen Friedhof, wo sonnenscheingesprenkelte Kreuze mit ihren Armen etwas ungeheuer Großes ausmaßen und wo es irgendwie peinlich war, die Himbeeren zu pflücken, über den Fluß hinweg, wieder hinauf, durch den Wald, zu einer anderen Biegung des Flusses, zum Pont des Vaches und weiter, durch die Kiefern und den Chemin du Pendu entlang – vertraute Namen, die ihre russischen Ohren nicht schmerzten, sondern erfunden worden waren, als ihre Großeltern Kinder waren. Und plötzlich, mitten auf diesem schweigsamen Spaziergang, unternommen von zwei Seelen, die gemäß den Regeln des Spiels die Geschwindigkeit des menschlichen Schrittes einhielten..., blieben beide stehen und sagten, wo sie angelangt waren; und wenn sich herausstellte, wie es oft vorkam, daß keiner von beiden schneller gegangen war als der andere, daß sie am selben Gebüsch haltgemacht hatten, zog das gleiche Lächeln über das Gesicht von Mutter und Sohn und strahlte durch ihre gemeinsamen Tränen.

Vladimir Nabokov mit seinem Sohn Dmitri 1938 vor dem Eingang ihrer Pension »Les Hesperides« in Menton an der französischen Südküste

Im Herbst 1939 kehrten wir nach Paris zurück, und um den 20. Mai des darauffolgenden Jahres herum waren wir wiederum am Meer, dieses Mal an der Westküste Frankreichs, in St. Nazaire. Ein letzter kleiner Garten umgab uns, als Du und ich und zwischen uns unser inzwischen sechsjähriges Kind auf dem Weg zu den Hafenanlagen waren, wo hinter den Gebäuden, die uns den Blick verstellten, der Passagierdampfer Champlain bereitlag, uns nach New York zu bringen.

4 Amerika: Professor Nabokov

Ich kam 1940 nach Amerika und beschloß, amerikanischer Staatsbürger zu werden und Amerika zu meiner Heimat zu machen. Zufällig traf es sich, daß ich es sofort mit dem Allerbesten zu tun bekam, was Amerika zu bieten hat ... Ich tauchte ein in seine großen Bibliotheken und in seinen Grand Canyon. Ich arbeitete in den Laboratorien seiner zoologischen Museen. Ich gewann mehr Freunde, als ich in Europa je gefunden hatte. Meine Bücher – alte und neue – fanden bewundernswerte Leser. Ich wurde so beleibt wie Cortez – vor allem weil ich aufhörte zu rauchen und statt dessen Melassebonbons zu mampfen begann, mit der Folge, daß mein Gewicht von den gewohnten 63 auf 90 Kilo hochschnellte. So daß ich also zu einem Drittel amerikanisch bin – gutes, amerikanisches Fleisch, das mich warm und geborgen hält.

Nabokovs dreisprachige Erziehung sollte sich für seinen weiteren Lebensweg als Glück erweisen: schließlich bedeutete der Aufbruch nach Amerika unweigerlich, daß er die Sprache wechseln mußte. So begann er, durch die englische Übersetzung seines sechsten russischen Romans *Camera Obscura* ermutigt, Ende 1936 damit, seinen nächsten Roman *Verzweiflung* selbst ins Englische zu übertragen. Als er im Jahr darauf an *Das wahre Leben des Sebastian Knight* arbeitet, ist der Sprachwechsel bereits vollzogen: ein Bruch im Leben des Vierzigjährigen, der kurze Zeit später, als er sich im Mai 1940 mit Frau und Kind auf dem Dampfer »Champlain« einschifft (der bei der nächsten Überfahrt von deutschen U-Booten versenkt werden sollte), nicht nur eine interessierte Leserschaft – das russische Emigrantenpublikum –, sondern auch seine über alles geliebte russische Sprache zurückläßt. Nabokov nennt das eine »private Tragödie …, daß ich meine Muttersprache, mein natürliches Idiom aufgeben mußte, meine reiche, unendlich … gefügige russische Sprache, um sie gegen eine zweitklassige Sorte Englisch einzutauschen«.

Ein zweites, ein neues Leben beginnt für ihn. W. Sirin gibt es nicht mehr, und Vladimir Nabokov, der amerikanische Autor, existiert noch nicht. Als er am 28. Mai 1940 in New York ankommt, wissen im ganzen Land kaum mehr als hundert Menschen von seinen literarischen Erfolgen. Seine Arbeit setzt von vorn an »mit ungeschicktem Werkzeug aus Stein«, wie es in einem Abschiedsgedicht an das Russische, betitelt *Weicheste aller Sprachen*, heißt. Das Leid des Exils scheint auch in Amerika zunächst unüberwindbar: Nabokovs Verzweiflung über den Sprachwechsel, seine Isolation als Schriftsteller, sein Heimweh, seine Armut halten an. Im ersten amerikanischen Jahr schlägt er sich und seine Familie mit Rezensionen über russische Themen durch; außerdem erhält er kleinere Stipendien. Während eines Sommeraufenthalts bei einem alten Freund in Vermont, Michel Karpovich, Professor für Geschichte an der Harvard University, hat Nabokov dann Gelegenheit, Beiträge für die politisch-literarische Zeitschrift *The New Republic* zu schreiben, worauf er eines Tages einen Brief des Herausgebers in seiner Post findet, des Literaturkritikers und Schriftstellers Edmund Wilson. Nabokov schreibt Wilson im August 1940 zurück und äußert dabei den Wunsch, ihn persönlich kennenzulernen. Das ist der Auslöser für eine fast 25 Jahre dauernde Freundschaft. In der Folgezeit wird Wilson so etwas wie ein unbezahlter literarischer Agent für Nabokov, womit der Emigrantenalltag der kleinen Enttäuschungen allerdings noch keineswegs beendet ist: Einmal kommt ein Telegramm des Tolstoj-Komitees aus New York (das Emigranten unter anderem bei der Eingliederung in die amerikanische Gesellschaft unterstützt) mit der Nachricht, man habe für Nabokov eine Stelle im Verlagswesen gefunden; er solle sofort kommen, um sich vorzustellen. Nabokov eilt nach New York – umsonst. Die ganze Geschichte ist ein Irrtum, in Wirklichkeit sucht eine Buchhandlung auf der Fifth Avenue einen Fahrradboten.

Noch in Europa hatte Nabokov sich entschlossen, mit Vorlesungen über russische und englische Literatur für den Unterhalt seiner Familie zu sorgen. 1940 und 1941 schreibt er daher mit Hilfe von Véra, die ihm bei der Recherche assistiert und alle Texte redigiert, ein umfangreiches Konvolut von Vorlesungsnotizen: »Bevor ich in Amerika meine akademische Laufbahn antrat, hatte ich mir … zum Glück die Mühe gemacht, einhundert Vorlesungen – etwa 2 000 Seiten – über russische Literatur zu Papier zu bringen und später noch ein weiteres Hundert über große Romanciers von Jane Austen bis James Joyce. Das verschaffte mir dann am Wellesley College und an der Cornell University zwanzig unbeschwerte akademische Berufsjahre.« Eine erste dieser Vorlesungen hält Nabokov schließlich im Februar 1941 am Wells College; einen Monat später folgt eine weitere am Wellesley College, Massachusetts. Sie lauten *Die Technik des russischen Romans, Gorkijs und Tschechows Kurzgeschichten, Der proletarische Roman, Das sowjetische Drama, Die sowjetische Kurzgeschichte*. Das vollständige Korpus dieser frühen Aufzeichnungen ist jedoch – so scheint es – verlorengegangen.

Binnen kurzem erweisen sich Nabokovs Vorlesungen als so erfolgreich, daß er für das gesamte akademische Jahr 1940/41 nach Wellesley eingeladen wird. Anschließend leitet er, nachdem er einige Zeit für das *Institute of International Education* überall in Amerika Vorträge gehalten hat, einen Sommerkurs für russische Literatur an der Stanford University. Jetzt bringt er seinen rund fünfzig Studentinnen dreimal in der Woche die Grundlagen der russischen Grammatik bei und vermittelt ihnen die Welt der russischen Klassik. Als eine Art »writer-in-residence« bietet Nabokov jedoch keine regulären Kurse an, vielmehr öffentliche Vorlesungen über russische Literatur: Puschkin, Lermontow und Gogol im Herbst, Turgenjew, Tolstoj, Tjutschew und Tschechow im Frühjahr. Sein Jahresgehalt beträgt zu dieser Zeit ungefähr 2 000 Dollar, nicht schlecht für einen »beginning boy of forty«.

In jener Zeit, die Nabokov selbstironisch als eine »besondere wolkenlose und kraftvolle Lebensphase« bezeichnet, arbeitet er ungemein viel, schläft höchstens vier bis fünf Stunden und verbringt den Rest der Nacht damit, in seiner schäbigen kleinen Wohnung am Craigie Circle mit dem Bleistift in der

Hand auf und ab zu gehen, »unter einer alten Dame mit Füßen aus Stein und über einer jungen Frau mit empfindlichen Ohren«. Sein Zigarettenkonsum erreicht die Höhe von vier Päckchen pro Tag. Zweimal muß er ins Krankenhaus.
Zur gleichen Zeit beginnt er, die Schmetterlingssammlungen am Museum für vergleichende Zoologie der Harvard University zu ordnen. 1942 wird er zum *Research Fellow* ernannt und bleibt es bis 1948. Enthusiastisch widerlegt er in einer Abhandlung über Mimikry Darwins Theorie der »natürlichen Selektion« und »des Kampfes ums Dasein«, wobei er zugleich untersucht, was ihn neben der »Jenseitigkeit« an dieser Welt am meisten interessiert: die Phänomene der Tarnung und Täuschung, imitiertes Aussehen und mimetisches Verhalten, zwei Merkmale, die auch seine Prosa charakterisieren. Damals allerdings rückt seine literarische Arbeit für einige Zeit in den Hintergrund, bis ihm Véra ein schon begonnenes Manuskript in Erinnerung ruft, *Das Bastardzeichen*. Eines der Hauptthemen dieses nach Dieter E. Zimmer »politischsten Romans« von Nabokov ist die »durchaus emphatische Anklage gegen eine Diktatur«. Im Vorwort schreibt Nabokov über das Buch und seinen Protagonisten: »Die Handlung keimt in der hellen Brühe einer Regenpfütze. Krug sieht die Pfütze von einem Fenster des Krankenhauses aus, wo seine Frau im Sterben liegt … Die Pfütze, die solchermaßen in Krugs Geist wieder und wieder aufscheint, bleibt mit dem Bild seiner Frau nicht nur deswegen verbunden, weil er des Sonnenuntergangs, den sie in sich barg, von ihrem Totenbett aus ansichtig geworden war, sondern auch darum, weil diese kleine Pfütze in ihm auf undeutliche Art meine Beziehung zu ihm evoziert: ein Riß in seiner Welt, durch den es in eine andere Welt der Zärtlichkeit, der Helle und Schönheit geht.«
Zeitlebens hat Nabokov immer mehrere Texte gleichzeitig in Bearbeitung. Außer *Das Bastardzeichen* verfaßt er jetzt eine ausgefallene Studie über den russischen Schriftsteller Nikolaj Gogol, die im August 1944 bei New Directions erscheint; darin entlarvt er Gogols »mystischen Didaktizismus«, seine moralistischen Neigungen, seine völlige Unfähigkeit, junge Frauen zu beschreiben, seine religiöse Besessenheit. Er behauptet, er habe »sorgfältig darauf geachtet …, ja *nichts* von ihm zu lernen«: »Als Lehrer ist er fragwürdig und gefährlich. Auf dem Tiefpunkt seines Könnens, wie etwa in den ukrainischen Sachen, ist er ein schreibender Stümper; in seinen Sternstunden ist er unvergleichlich und unnachahmlich.«
In den Zeitschriften *The Atlantic Monthly* und *The New Yorker* erscheinen inzwischen immer mehr Erzählungen, Erinnerungen und Gedichte Nabokovs von auffälliger Erfindungskraft und so ungewöhnlichem

Schwung, daß sich der englischschreibende Exilrusse jetzt eines kleinen, aber zunehmend interessierten Kreises von Lesern sicher sein kann. Zu ihm zählt auch Morris Bishop, der zum Vorstand des Instituts für Romanische Sprachen an der Universität Cornell gehört und Nabokov im September 1947 einen folgenreichen Brief schreibt, in dem es heißt: »Wir brauchen in Cornell einen Professor für russische Literatur als Nachfolger von Professor Ernest Simmons, den wir an Columbia verloren haben. Der Dekan beauftragte mich, mich umzusehen ... Als ein alter Bewunderer ihrer Arbeit dachte ich zuerst an Sie.« Im Oktober 1947 fährt Nabokov schließlich nach Cornell zu einem Vorstellungsgespräch. Kurz darauf bietet ihm die Universität eine außerordentliche Professur für slawische Literatur an.

Im Juni 1948 übersiedelt Nabokov mit seiner Familie nach Ithaca. Die erste Zeit verbringen sie in 957, East State Street im Haus eines Professors für Elektroingenieurswesen; es ist das erste der zehn Professorenhäuser, die sie in Ithaca bewohnen werden. »Wir sind absolut bezaubert von Cornell«, schreibt Nabokov kurz nach seiner Ankunft, »und dem lieben Schicksal sehr, sehr dankbar, daß es uns hierher geführt hat.« Damals setzt Nabokov die Arbeit an seiner Autobiographie *Conclusive Evidence* fort, die er 1947 begonnen hatte. Außerdem bereitet er seine Vorlesungen vor und widmet sich der Übersetzung des Igorliedes.

In Cornell nennt man Nabokovs Kurs nach der Nummer des Vorlesungssaals »Literatur 311–312«. Er behandelt Dostojewskij, Tschechow, Gorkij, Puschkin, Schukowski, Karamzin, Griboedow, Krylow, Lermontow, Tjutschew, Derschawin, Awwakum, Batjuschkow, Gneditsch, Fonwissin, Fet, Lesskow, Blok und Gontscharow. Er ist ein fordernder und exzentrischer Universitätslehrer, und obwohl seine Vorlesung eigentlich nur einen Überblick vermitteln soll, kündigt Nabokov ein ganz anderes Anliegen an: »Jeder ist in der Lage, die gesamte Literatur Rußlands in einer arbeitsreichen Nacht zu durchkämmen, indem er ein Lehrbuch oder einen enzyklopädischen Artikel konsumiert. Das ist viel zu einfach. Meine Damen und Herren, in diesem Kurs befasse ich mich nicht mit Allgemeinheiten, mit Einfällen und Ansichten von Lehrmeinungen, mit mittelmäßigen Gruppen unter einer phantasievollen Flagge. Ich befasse mich mit dem eigentlichen Text, dem Ding an sich.«

Nachdem die Teilnehmerzahlen von Nabokovs Seminaren kontinuierlich sinken, spielt er mit dem Gedanken, Cornell wieder zu verlassen. In einem Brief an Roman

Jakobson schreibt er: »Ich mag die sehr kleine Studentenzahl am Institut für russische Literatur nicht, die aus der dürftigen Sprachausbildung am äußerst mittelmäßigen Institut für russische Sprache resultiert.« Aber Roman Jakobson ist kein Befürworter Nabokovs, wie sich später herausstellt. Als die Universität Harvard ihm 1957 eine Stelle anbietet, spricht Jakobson sich gegen ihn aus: »Meine Herren, selbst wenn man einräumt, daß er ein bedeutender Schriftsteller ist: Sollen wir demnächst etwa einem Elefanten die zoologische Professur geben?«

1950 ist die Studentenzahl so gering, daß Nabokov sich gezwungen sieht, Kurse über europäische Literatur anzubieten. Und nun endlich gelingt ihm der Durchbruch: Im Herbst 1951 erreicht seine Veranstaltung über die *Meisterwerke der europäischen Literatur* eine Rekordzahl von Hörern, ja ist die populärste Vorlesung auf dem Campus überhaupt. Von da an ist Nabokov in Cornell berühmt.

Ein Schüler Nabokovs, der Schriftsteller John Updike, hat ein schönes Porträt seines ehemaligen Professors verfaßt, in dem er unter anderem an dessen schrullige Gepflogenheiten erinnert: »Auch seine seltenen Musterstudenten [konnten] Opfer seiner Streiche werden. Als unsere Miss Ruggles mit ihren blühenden zwanzig Jahren am Ende des Semesters nach vorn ging, um ihr Heft aus dem Durcheinander der benoteten Halbtrimesterarbeiten herauszufischen, konnte sie es nicht finden und mußte sich schließlich an den Herrn Professor wenden. Nabokov stand hochaufgerichtet und offensichtlich abwesend auf dem Podium über ihr und kramte in seinen Papieren. Sie entschuldigte sich und sagte, daß ihre Arbeit offenbar nicht dabei sei. Er beugte sich zu ihr herunter und zog dabei die Augenbrauen hoch: ›Und wie heißen Sie?‹ Sie sagte ihren Namen, und er holte mit der Geschwindigkeit eines Taschenspielers ihr Heft hinter dem Rücken hervor. Die Arbeit hatte 97-Prozentpunkte erhalten. ›Ich wollte einmal sehen‹, meinte er zu ihr, ›wie ein Genie aussieht‹. Und er betrachtete sie kalt von oben bis unten, bis sie errötete; weiter ging ihre Unterhaltung nicht.«

Trotz seiner bescheidenen Meinung von den eigenen didaktischen Talenten und seiner exzentrischen Abweisung von Schriftstellern wie Mann, Faulkner, Dostojewskij (»old Dusty«), James (»der blasse Tümmler mit seinen plüschenen Ungeschliffenheiten«) und Freud (»der Wiener Quacksalber«) vermittelt Nabokov immer wieder Leidenschaft für große Literatur. Seine Studenten sollten das »Prickeln« erleben, wie er es nannte, das man in jedem Abschnitt eines Gedankens oder Gefühls verspürt: »Wir sind dafür verantwortlich, das Beste im Leben zu verpassen, wenn wir nicht wissen, wie man das Prickeln verspürt, wenn wir uns nicht ein wenig höher als gewöhnlich begeben, um die seltensten und reifsten Früchte der Kunst zu sammeln ...«

Auch in Amerika, wo er sich längst »intellektuell zu Hause« fühlt, bleibt Nabokovs Leben ein Kommen und Gehen, eine fortwährende Reise. In den 19 Jahren, die er mit seiner Frau und seinem Sohn dort verbringt, lebt die Familie in mindestens 15 verschiedenen Wohnungen und Häusern. Viele seiner amerikanischen Freunde, seiner Studenten und Kollegen wundern sich, warum er nicht richtig »seßhaft« wird: »Der Hauptgrund, der Grund dahinter«, sagt Nabokov, »ist vermutlich, daß mich nichts zufriedengestellt hätte, was hinter einer Nachbildung meiner Kindheitsumgebung zurückgeblieben wäre ... Ich habe mich selber so heftig, mit einer so empörten Kraft aus Rußland herauskatapultiert, daß ich seitdem die ganze Zeit weiter und weiter gerollt bin. Gewiß, ich bin gerollt und schließlich zu diesem appetitlichen Ding, einem ordentlichen Professor geworden, aber im Herzen bin ich immer ein ›Gastdozent‹ geblieben. Die wenigen Male, an denen ich irgendwo zu mir sagte: ›Das wäre doch nun ein netter Ort für ein bleibendes Zuhause‹, da hörte ich im Geist sogleich den Donner einer Lawine, die die Hunderte von entfernten Orten mit sich davontrug, die ich zerstören würde, wenn ich mich in irgendeinem bestimmten Erdenwinkel niederließe.«

Mit 60 Jahren, vier Jahrzehnte nachdem er durch die russische Revolution ein Millionenerbe verloren hatte, macht das Buch *Lolita* Nabokov 1959 erneut zum reichen Mann. Auf wundersame Weise verwandeln sich die verlorenen Rubel nun in Dollarnoten; insgesamt mehr als ein Jahr hält sich *Lolita* auf den Bestsellerlisten; 236 700 Exemplare werden in Buchhandlungen verkauft, 50 000 in Buchklubs. Mitte der achtziger Jahre sind mehr als 14 Millionen Exemplare in der ganzen Welt verkauft, und der Roman ist in mehr als 30 Sprachen übersetzt.

»*Lolita* werde ich nie bereuen«, sagt Nabokov. »Sie war die Komposition eines schönen Rätsels – seine Komposition und seine Lösung zugleich, denn das eine ist das Spiegelbild des anderen, abhängig von der Blickrichtung.«

Amerika bedeutete für Nabokov Freiheit, private Sicherheit, Ungestörtheit. Nichts von den antiwestlichen Ressentiments der slawophilen Russen, nichts auch von den in Deutschland verbreiteten Vorbehalten ist bei ihm spürbar, und nie hat er, wie etwa Thomas Mann, den Begriff der Kultur gegen den der Zivilisation, die Lebensweise des Ostens gegen die des Westens ausgespielt. Wie immer setzte sich sein Urteil aus unmittelbaren Beobachtungen zusammen, und schon seine ersten Schritte auf amerikanischem Boden bestätigten ihn in seinem Optimismus. Véra und er waren mit kaum mehr als hundert Dollar in New York angekommen. Als sie dort zum ersten Mal ein Taxi nahmen, zeigte das Taxameter am Ende der Fahrt die Zahl 90 an. Den Nabokovs fuhr der Schreck in die Glieder: Das war fast alles Geld, was sie hatten. Aber der Taxifahrer drehte sich lachend um und sagte zu Véra: »Lady, if I had that money, I wouldn't be sitting here driving a car.« Es handelte sich um 90 Cents.
Nabokov hat diese erste Begegnung nie vergessen. »Das Einfachste wäre für ihn gewesen«, sagte er später, wenn er sich an die Geschichte erinnerte, »uns zehn Dollar herauszugeben und für den Tag Schluß zu machen.«
Das Bild zeigt das erste Appartment der Nabokovs in 1326, Madison Avenue. Ab dem September 1940 wohnte die Familie in einer »scheußlichen kleinen Wohnung« auf der 87. Straße unweit des Central Parks.

Im Oktober 1940 lernte Nabokov den amerikanischen Publizisten Edmund Wilson (1895–1972) kennen, mit dem er sich bald anfreundete. Über ein Vierteljahrhundert sollte ihre Korrespondenz gehen, die Nabokov regelmäßig mit »Lieber Bunny« eröffnete. Wilson, ohne Frage einer der ersten Kritiker seiner Zeit, verhalf dem russischen Emigranten zu etlichen Kontakten mit Verlagen, Zeitungen und Zeitschriften, und wann immer es um eine Veröffentlichung ging, gab er ihm nützliche Hinweise. Die Anfänge von Nabokovs zweiter literarischer Karriere sind deshalb untrennbar mit der Person Wilsons verbunden, so wie umgekehrt dessen wachsende Begeisterung für die russische Literatur mit dem Einfluß Nabokovs zusammenhängt. Dieser korrigierte sein Russisch und erweiterte seine Kenntnisse der russischen Dichtung wie überhaupt sein Bild von Rußland und dem neu entstandenen Sowjetstaat, den Wilson in seinem Buch *Der Weg nach Petersburg* nicht ohne Enthusiasmus beschrieben hat. Zugleich war Wilson der einzige Autor, mit dem Nabokov je zusammengearbeitet hat. Gemeinsam übersetzten sie Puschkins kleine Tragödie *Mozart und Salieri* für die von Wilson herausgegebene Zeitschrift *New Republic*. Ihr Gedankenaustausch war lebhaft, doch kontrovers, ihre Meinungen über Literatur, Politik und Geschichte kaum je dieselben. So war es eine ungewöhnliche, im Grunde paradoxe Freundschaft, für deren schließliches Scheitern – Wilson verfaßte eine wütende Rezension über Nabokovs Übersetzung von Puschkins Vers-Epos *Eugen Onegin* – es viele Gründe gibt. Einer davon ist womöglich auch in einer gewissen Rivalität Wilsons zu sehen, der es, nicht anders als Salieri im Falle Mozarts, schwer verkraften konnte, in den fünfziger Jahren den Weltruhm seines Freundes aufgehen zu sehen.

Die Nabokovs hatten keine Hemmungen, sich zu amerikanisieren. Trotzdem blieben sie, soweit ihr privates Leben berührt war, so russisch wie Nabokovs Professor Pnin und übernahmen, ob mit Absicht oder aus Gleichgültigkeit, nie die Finessen des amerikanischen Gesellschaftslebens. Die ungeschriebenen Regeln einer Dinnereinladung etwa kümmerten sie wenig, und einmal boten sie ihren Gästen als Aperitif einen Port in riesigen Wassergläsern an, wie sich ein Freund amüsiert erinnerte.
Die Photographien zeigen die Familie 1941 während einer Ferienreise.

Um ihr Russisch zu verbessern und nebenbei auch noch ihr erstes Auto auszuprobieren, bot die Privatschülerin und spätere Freundin Dorothy Leuthold den Nabokovs Anfang der vierziger Jahre an, sie von Cambridge, Massachusetts, quer durch die Vereinigten Staaten nach Stanford in Kalifornien zu chauffieren. Auf dem Weg dorthin, während einer Rast, fängt Vladimir Nabokov eine neue Schmetterlingsspezies und tauft sie zu Ehren seiner großzügigen Schülerin Neonympha Dorothea.
Abgesehen vom Schreiben war Nabokovs Lieblingsbeschäftigung seit seiner Kindheit die Jagd nach Schmetterlingen. »Die Freuden und Genugtuungen der literarischen Inspiration«, sagte er, »sind nichts im Vergleich mit dem Entzücken, unter dem Mikroskop ein neues Organ oder auf einem Berghang im Iran oder in Peru eine in der Literatur noch nicht verzeichnete Spezies zu entdecken. Es ist nicht unwahrscheinlich, daß ich, hätte es in Rußland keine Revolution gegeben, mich ganz auf die Lepidopterologie verlegt und nie einen Roman geschrieben hätte!«

Jeden Sommer unternahmen die Nabokovs weitverzweigte Fahrten durch ganz Amerika, um auf Schmetterlingsjagd zu gehen. Das untere Bild zeigt Dmitri und Véra Anfang der vierziger Jahre.

Exil

Er ist nun mal ein französischer Poet,
   sehr dünn,
ein Bücher tragender Mann mit
   stoppeligem grauem Kinn;
du triffst ihn, wann immer du über den
   hellen Campus
gehst, vorbei an kalten Plattenwänden.
Der Wind, der ihn verrückt macht
   (das erinnert ihn
an einen ziemlich guten Vers von Hugo),
läßt blaue Löcher im wasserdichten Glanz
   von universitär-gezüchteten Pappeln
   entstehen, die raschelnd schlüpfrige
   Schatten auf scheckige junge Schön-
   heiten werfen, ganz Bein, während sie
   durch seine Schulter radeln, durch
   seine Achsel, sein Herz und die zwei
   großen Bücher, die seiner Seite
   Schmerzen bereiten.
VERLAINE war auch ein Lehrer. Irgendwo in
   England.
Und was war mit dem großen
   BAUDELAIRE,
allein in seiner belgischen Hölle?
Dieser Efeu ähnelt den Augen der
   Gehörlosen.
Komm, Blatt, nenn mir ein Land mit »F«:
zum Beispiel »Forget« (Vergessen) oder
   »Farewell« (Lebwohl).
So grübelt er schwach, verträumt auf sein
   heimlich lauschendes Selbst acht
   gebend, indes sein Körper zurück-
   weicht, sich auflöst in sonnendurch-
   fluteten Schatten.
L'envoi: Diese armen Stühle im Bois. Einer
   von ihnen stak,
die Beine nach oben gereckt, halb-
   versunken im Schlamm eines Grabens,
   während andere in Gruppen auf einer
   Lichtung standen.

Die ersten Jahre in Amerika waren schwer für Nabokov. Sein Zigarettenkonsum stieg beträchtlich, er nahm ab, und die Schlaflosigkeit, die ihn zeitlebens begleitete, machte ihm noch mehr zu schaffen als sonst. So schildert er Edmund Wilson ironisch seinen Gesundheitszustand: »Unter dem Eindruck, 1. ernstliche Herzprobleme, 2. ein Magengeschwür, 3. Kehlkopfkrebs und 4. überall Steine zu haben, habe ich mich in einem guten Krankenhaus gründlich untersuchen lassen. Der Arzt (Prof. Siegfried Tannhäuser) meinte, ich sei körperlich in guter Verfassung, leide jedoch aufgrund der Entomologie-Wellesley-Roman-Kombination an akuter nervöser Erschöpfung …«
Im Oktober 1942 veröffentlichte Nabokov in *The New Yorker* dieses Gedicht über ein Thema, das sein ganzes Werk durchzieht: das Exil.

Bescheidene Verhältnisse, Unstetigkeit, im Innern zärtliche Verklärung der Vergangenheit: 1941 war Nabokov Dozent am Wellesley College geworden, an dem nur Frauen studierten; von da an wechselt die Familie die Wohnungen oft im Rhythmus der Semester. Eine Ausnahme bildet 8, Craigie Circle in Cambridge, Massachusetts, wo sie von 1942 bis 1948 bleibt. Dort entstehen in den Jahren 1942 und 1943 *Nikolaj Gogol* und zwischen 1943 und 1946 *Das Bastardzeichen*, außerdem Nabokovs erste Erzählungen in englischer Sprache, darunter *Der Regieassistent* von 1943, *Ein vergessener Dichter* sowie *Zeit und Ebbe* von 1944 und *Das Genrebild* von 1945.

Vladimir mit Véra (oben) beziehungsweise mit Dmitri (rechts) 1942 im Park von Craigie Circle

Wir scheinen unseren Wohnsitz dauernd gewechselt zu haben – und einige waren langweiliger als andere; doch wie klein die Stadt auch war, ich konnte sicher sein, eine Werkstatt zu finden, wo Fahrradreifen repariert wurden, einen Laden, wo es Eis gab, und einen Saal, wo man kinematographische Bilder vorführte.

Man kann nicht sagen, daß Kinder in diesem
Alter in der einen oder anderen Weise
lächeln. Das Lächeln ist nicht lokalisiert; es
ist über den ganzen Körper verbreitet –
natürlich nur, wenn das Kind glücklich ist.

In seinem ersten auf englisch geschriebenen, 1941 veröffentlichten Roman, *Das wahre Leben des Sebastian Knight*, greift Nabokov Motive der zurückliegenden Jahre auf, namentlich seinen Abschied von der russischen Sprache und die Krise der beiden Eheleute in Frankreich. Das eigentliche Thema des Buchs aber ist die Frage, wie Leben sich in Kunst spiegelt und verlängert. Sebastian Knight hatte, heißt es in einer unverkennbar Nabokovschen Selbstreferenz, »immer gern mit Themen jongliert, hatte sie aufeinanderprallen oder geschickt ineinander übergehen lassen, damit sie jenen verborgenen Sinn ausdrückten, den nur eine Folge von Wellen auszudrücken vermag, ebenso wie nur das Auf und Ab des Wassers die Musik einer chinesischen Boje erklingen lassen kann«.

1944 erschien *Nikolaj Gogol*, die erste literaturgeschichtliche Publikation Nabokovs, ein exzentrisches Buch, das mit der Schilderung von Gogols Tod beginnt, um sich dann auf 170 Seiten bis zu seiner Geburt am 1. April 1809 zurückzuarbeiten.

Formal gesehen ist die Biographie auch deshalb interessant, weil sie – wie schon *Sebastian Knight*, der seinen Namen nicht zufällig vom englischen Wort für »Springer« hat – Prinzipien des Schachspiels auf das Schreiben anwendet. Hier ist es, wie Nabokov selbst erwähnt, der En-passant-Zug der Bauernfigur: Am Schluß einer Passage springt der Gedankengang plötzlich vom Hauptthema weg auf ein scheinbar nebensächliches Detail.

Den meisten Studentinnen Nabokovs blieb verborgen, daß ihr Lehrer Literatur nicht nur unterrichtete, sondern selber ein Teil von ihr war; nur wenige kannten seine Erzählungen, die zuerst in *The Atlantic Monthly*, dann in *The New Yorker* erschienen, ganz zu schweigen von seinen amerikanischen Büchern, dem *Bastardzeichen* und den *Nine Stories* von 1947.
Nabokov wollte seinen »College Girls« in erster Linie beibringen, die Literatur an sich ernst zu nehmen und nicht das, was über sie geschrieben wurde. »Lesen Sie und träumen Sie sich durch Tschechows trostlose Landschaften, durch seine taubengraue Welt«, forderte er in seinen Vorlesungen, »um ihre matte Lieblichkeit zu erfahren, Landschaften, die wie graue Kleider auf einer grauen Leine in den grauen Himmel fliegen.« Er wollte von Tolstoijs »leidenschaftlichem Moralismus« erzählen, seinen wunderbaren Frauenbildern, wollte vermitteln, was er Tjutschews »glühendes, durch und durch russisches Genie« nannte. Und manchmal, wenn seine Worte ihn zu ermüden begannen, las er auch einfach eigene Gedichte vor.

»Lesen Sie gründlich, liebkosen Sie die Details«, forderte Nabokov seine amerikanischen Studenten mit rollendem R und der rauhen Zartheit einer Katzenstimme auf, »liebkosen Sie die göttlichen Details.«

Beyond the seas where I have lost the
    sceptre,
I hear the neighing of my dabbled nouns,
Soft participles coming down the steps,
Treading on leaves, trailing their rustling
    gowns.

Jenseits der Meere, wo ein Zepter ich verlor,
    hör ich gescheckte Worte wiehern,
    weiche Partizipien kommen Stufen herab,
    schreiten auf Blättern, schleppen
        raschelnde Gewänder.

Als Vladimir Nabokov diese Gedichtzeilen schreibt, liegt sein Abschied von Rußland mehr als 25 Jahre zurück, aber noch immer kreist sein Denken vor allem um diesen Verlust. Es ist 1945, das Jahr, in dem er amerikanischer Staatsbürger wird und auf Anraten seines Arztes mit dem Rauchen aufhört, weshalb er in kurzer Zeit mehr als dreißig Kilogramm zunimmt.

Im Herbst 1945, kurz nach Semesterbeginn, träumte Nabokov von seinem Bruder Sergej, den er damals in Österreich glaubte: Er sah ihn todkrank in einem Konzentrationslager. Am nächsten Tag erhielt er einen Brief seines anderen Bruders Kirill, der berichtete, daß Sergej am 10. Januar im KZ Neuengamme bei Hamburg an einer durch Unterernährung bedingten Magenkrankheit gestorben sei.

Schon 1943 war Sergej als Homosexueller in Berlin verhaftet worden. Fünf Monate später führten die Bemühungen eines Verwandten zu seiner Entlassung; Sergej ging nach Prag, arbeitete dort in einem russischen Büro, verbarg seine Verachtung für Hitler und die Deutschen jedoch so wenig, daß er als britischer Spion beschuldigt und erneut inhaftiert wurde. Anschließend wurde er nach Neuengamme gebracht.

»Aus mehreren Gründen fällt es mir ungewöhnlich schwer, von meinem … Bruder zu sprechen.« So beginnt in *Erinnerung, sprich* die bewegende Passage über Sergej Nabokov. Von Kindheit an war das Verhältnis der beiden nicht unbelastet, und in einer Tagebuchnotiz erwähnt Nabokov, daß er noch am Abend vor dem Tod seines Vaters mit diesem über Sergejs »anomale Neigungen« gesprochen habe. Auch damit mag es zusammenhängen, daß Männerliebe immer wieder, verkappt oder offen, eine wichtige Rolle in seinem Werk spielt.

Vladimir Nabokov an seinem Arbeitsplatz im Museum für vergleichende Zoologie der Harvard University, das ihn von 1941 bis 1948 als Kustos beschäftigte. Das Salär war kläglich, 1200 Dollar im Jahr. Doch Nabokov liebte diese Arbeit, und er war gesegnet mit dem, was Taxonomen ein gutes Auge nennen: Neben zahllosen kleineren Entdeckungen beschrieb er als erster sieben amerikanische Schmetterlingsunterarten, von denen bis heute fünf Gültigkeit haben, eine hohe Erfolgsrate. Nabokov war kein ausgebildeter Entomologe, und für manch professionellen Biologen sind seine Studien eher Dokumente des Stils, der Anschaulichkeit und der Eleganz. Immerhin aber haben Bálint aus Budapest und Johnson aus Florida, zwei international anerkannte Lepidopterologen, Nabokovs Arbeiten fortgeführt und seine über fünfzig Jahre alten Entdeckungen bestätigt. Fast 2000 Exemplare haben die beiden Wissenschaftler zu diesem Zweck präpariert, und neben den von Nabokov entdeckten Unterarten haben sie drei weitere Arten bestimmt, außerdem 25 Schmetterlinge der Klassifikation Nabokovs zugeordnet. Sie alle wurden ihm zu Ehren nach Figuren und Orten seiner Romane benannt, zum Beispiel *Madeleinea lolita Bálint* oder *Pseudolucia Humbert Hylos pnin Bálint*.

In einem Brief von 1945 an seine in Prag lebende Schwester Elena Sikorski äußert sich Nabokov begeistert über seine wissenschaftliche Tätigkeit: »Mein Museum, berühmt in ganz Amerika (und im ganzen ehemaligen Europa), ist das Museum für vergleichende Zoologie, welches zur Harvard-Universität gehört, meinem Arbeitgeber. Mein Labor nimmt die Hälfte der vierten Etage ein. Darin stehen vor allem Reihen von Sammelschränken mit Schubkästen voller Schmetterlinge. Ich bin Kustos dieser absolut sagenhaften Sammlungen. Wir haben Schmetterlinge aus der ganzen Welt; viele sind Typenexemplare (das heißt eben die Exemplare, auf denen die Urbeschreibungen von etwa 1840 bis heute beruhen). Den Fenstern entlang stehen Tische mit meinen Mikroskopen, Reagenzgläsern, Säuren, Papieren, Nadeln usw. Ich habe einen Assistenten, dessen Hauptaufgabe die Präparierung von Exemplaren ist, die von Sammlern eingeschickt wurden. Ich selber forsche und habe während der letzten Jahre in Raten eine Studie über die Systematik amerikanischer Bläulinge veröffentlicht, die auf der Struktur ihrer Genitalien beruht (winziger, nur unter dem Mikroskop sichtbarer skulpturartiger Haken, Zacken, Sporen usw.) und die ich mit Hilfe verschiedener Gerätschaften zeichne, Varianten der Laterna magica...«

Harvard University

Obwohl er glaubte, daß es zwischen seinen beiden Leidenschaften, der Schmetterlingsjagd und dem Romanschreiben, etliche Parallelen gebe, hat Nabokov nach eigenem Bekunden stets darauf geachtet, daß seine literarischen Manieren seinen wissenschaftlichen Stil nicht beeinflußten. Gleichwohl sind Schmetterlinge, Schmetterlingsgleichnisse und -bilder, auch Schmetterlingsbezeichnungen vielfach in seine literarischen Texte eingegangen, zum Beispiel in *Lolita*: Vanessa van Ness, Percy Elphinstone, Electra Gold und Avies Chapman sind als Namen der Lepidopterologie entlehnt, und die Stadt Leping Ville verweist unverkennbar auf »Leping«, Nabokovs Ausdruck für die Schmetterlingsjagd.

Im wesentlichen waren es die Polyommatinen aus der Familie der Lycaeniden, sogenannte neotropische Bläulinge, die Nabokov erforschte und systematisierte. Dazu schrieb er sieben wissenschaftliche Abhandlungen, die noch heute eine gewisse Bedeutung haben, die wichtigste davon über die Klassifikation der lateinamerikanischen Polyommatinen, erschienen 1945 in der Zeitschrift *Psyche*.

Die Aufnahme zeigt *Genus polypheclus Zsolt Bàlint und Johnson Cincinnatus*

»Sieh mal, wie hübsch«, sagte der achtsame Chateau. Zwei Dutzend kleiner Schmetterlinge, alle von einer Sorte, hatten sich auf einem feuchten Sandfleck niedergelassen, die Flügel aufrecht und geschlossen, so daß ihre bleichen Unterseiten mit dunklen Punkten und winzigen, orangegesäumten Pfauenflecken entlang der hinteren Flügelränder zu sehen waren; einer von Pnins abgelegten Gummischuhen störte einige von ihnen auf, so daß sie die Himmelfarbe ihrer Oberseiten zeigten und wie blaue Schneeflocken umherstöberten, bis sie sich von neuem niederließen.

Das Bastardzeichen ist, ähnlich wie der neun Jahre zuvor erschienene Roman *Einladung zur Enthauptung*, eine Auseinandersetzung mit dem Wesen des Totalitarismus. Dabei macht Nabokov zu einer Zeit, da der Kommunismus der Sowjetunion vielerorts noch gewaltige Hoffnungen weckt, keinen Unterschied zwischen den Systemen und ihrer antihumanen, mörderischen Essenz.

Nachdem Vladimir Nabokov im Juni 1946 *Das Bastardzeichen* unter Mühen und großem Druck beendet hat, ist er dem Zusammenbruch nahe. Die Familie verbringt daraufhin den August am New Found Lake in New Hampshire.

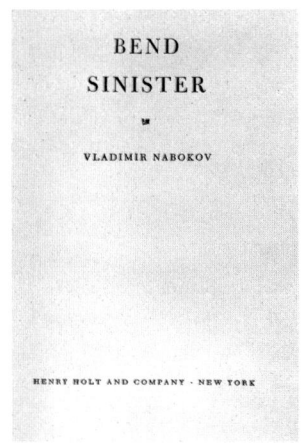

Morris Bishop, sechs Jahre älter als Nabokov und Professor für Romanistik in Cornell, war als Freund für Nabokov von großer Bedeutung. Als Bewunderer seiner im *Atlantic Monthly* erschienenen Erzählungen holte er ihn im Herbst 1947 an die Universität und empfahl ihn 1953 als »full professor«. Nabokov sollte das »robuste Kompliment« nicht vergessen, daß Bishop ihm machte, als 1951 erste Teile der späteren Autobiographie *Erinnerung, sprich* unter dem Titel *Conclusive Evidence* herauskamen: »Manche Ihrer Sätze sind so gut, daß sie mir fast eine Erektion verschaffen – was in meinem Alter, wie Sie wissen, nicht gerade einfach ist.«

For Morris Bishop

There was a housebilder named
    Jimmy Ricks,
Who built houses for makers of limericks
But because of a stutter
B's he tried not to utter,
And when asking for bricks would say
    »Gimme 'ricks.«

1948 bezieht Nabokov sein Arbeitszimmer in 278, Goldwin Smith Hall in Cornell. Hier hält er eine sowohl auf englisch wie auf russisch vorgetragene Einführung in die russische Literatur. Nicht mehr als fünfzehn bis zwanzig Studenten waren gewöhnlich im Hörsaal versammelt.
Einer seiner Kollegen erinnert sich an Nabokovs Auftreten in jenen Jahren, seine überpointierten Ansichten und doppelbödigen Fragen. »Gewöhnlich betrat er mein Büro mit lockerem Gang und der legeren Kleidung eines Schauspielers. Überschuhe und Wollsachen standen weit offen, als wollte er sagen: ›Nur ein Gentleman darf einen *muschik* spielen‹, um dann mit gespielter Ernsthaftigkeit seine Uhr mit der meinen in Gleichlauf zu bringen … Wir sprachen, wann immer wir allein waren, Französisch, und fast immer kam seine Frage unerwartet: Mich auf die Probe zu stellen war seine höfliche Art, Privatkriege zu führen … Gewöhnlich begann er so: ›Bonjour, Jean-Jacques. Was meinen Sie, hat Stendhal Ihres Wissens jemals einen anständigen Satz geschrieben? Glaubt irgend jemand in Frankreich, den es sich zu lesen lohnt, daß dieser Dostojewskij schreiben konnte? Denken Sie, daß Ihr Land jemals wieder einen Autor hervorbringen wird, der so perfekt ist wie Bossuet oder Chateaubriand? Nein? Stimmen Sie dem zu?‹ Hinter seinem koboldhaften Lächeln konnte man den Wunsch spüren, seine brillanten Vorurteile bestätigt zu sehen, die Vorurteile eines Adligen, für den Puschkin und Tolstoij auf alle Zeit *in* waren, Dostojewskij hingegen für immer *out*.«

Neben dem Wahrzeichen der Universität Cornell, dem 1891 gebauten McGraw-Turm mit seinem berühmten Glockenspiel, befand sich die Uris-Bibliothek, in der Nabokov nach seiner Berufung 1948 nicht weniger Zeit verbrachte als sein Professor Pnin – ungezählte Nachmittage.

Sorgfältig von Hand geschrieben, dann von Véra mit ebensolcher Sorgfalt getippt, waren Nabokovs Vorlesungen zugleich künstlerische und wissenschaftliche Untersuchungen der Bücher, die er liebte und bewunderte. Sein Vortrag nahm dabei nahezu schauspielerische Formen an, mal possenhaft, mal rührend oder bewegend, zum Beispiel wenn er – den Kopf in Angst und Pein zurückgeworfen, die Nasenlöcher gebläht, die Augen geschlossen – den Todeskampf Gogols nachahmte. Sein Flehen, heißt es, erfüllte den ganzen Hörsaal.

John Updike erinnert sich an den besonderen Ton, der Nabokovs Seminare zu einer Attraktion machte: »Die Plätze sind numeriert. Mir wäre es lieb, wenn Sie sich jetzt einen Platz suchten und den beibehielten. Dann nämlich kann ich eine Verbindung zwischen der Nummer und dem Gesicht herstellen. Alle zufrieden mit ihrem Platz? Schön. Hier wird nicht geschwätzt, geraucht, gestrickt, es wird keine Zeitung gelesen, und machen Sie sich um Himmels willen Aufzeichnungen.« Vor Klausuren soll er gesagt haben: »Klarer Kopf, Schreibheft, Tinte, Nachdenken nicht vergessen, Leichtverständliches abkürzen, zum Beispiel *Madame Bovary*. Unwissenheit nicht mit Seitenfüllen kaschieren. Ohne ärztliches Attest geht mir keiner auf die Toilette.«

Die Photographien zeigen Vladimir einmal mit Dmitri, das andere Mal mit Véra im Garten ihres Hauses auf der 802, East Seneca Street in Ithaca, New York, wo die Familie von 1948 an für drei Jahre blieb. Hier begann Nabokov, *Lolita* zu schreiben, und hier hätte er beinahe das gesamte Manuskript seines späteren Welterfolgs verbrannt, wäre Véra nicht eingeschritten. Der Hauskauf ruinierte die Familie, und 1951 verkaufte Nabokov zum letzten Mal in seinem Leben alle seine Möbel einschließlich des Klaviers, um anschließend mit Frau und Sohn in seinem klapprigen Oldsmobile nach Süden aufzubrechen.

Sämtliche Unwägbarkeiten scheinen die Entwicklung Dmitris nicht beeinträchtigt zu haben – wie aus einem Brief Nabokovs an seine Schwester Elena vom 6. September 1951 hervorgeht, ist der Vater von Stolz erfüllt: »Mitjuscha studiert in Harvard. Er ist siebzehn, riesig groß, er singt im Baß des Kirchenchores und interessiert sich am meisten in der folgenden Reihenfolge für: Alpinismus, Frauen, Musik, Laufen, Tennis, die Wissenschaft.«

Morris Bishop hob einmal die Unterschiede zwischen dem Emigrantenpaar und anderen Akademikern in Amerika hervor: »Die Nabokovs kannten zwei Extreme: zuerst unermeßlicher Reichtum und dann die Not und das Leben in schäbigen, möblierten Zimmern in Berlin. Sie waren für ein Leben in der selbstzufriedenen Mitte nicht vorbereitet. Der typische Professor und seine Frau haben die Möbel geerbt und einige dazugekauft, während die Nabokovs, zweimal exiliert, überhaupt nichts hatten. Deswegen waren sie gezwungen, Häuser von Professoren zu mieten, die gerade ein Freisemester hatten oder im Urlaub waren. Jedes Jahr, manchmal jedes Semester sind sie umgezogen. Aber sie haben sich nie darüber beklagt; im Gegenteil, sie haben sich über den häufigen Szenenwechsel gefreut. Sie hatten Spaß daran, den Charakter ihres abwesenden Vermieters anhand des Mobiliars, der Kunstgegenstände, der Bücher, der Roboter, der Vermischungen von Anspruch und Notbehelf zu erraten. Viele Ergebnisse dieser Übung in häuslicher Archäologie erscheinen in *Pnin* und *Lolita*.«

Februar 1952: Die Nabokovs gehen übergangsweise nach Harvard, wo sie in 9, Maynard Place wohnen. »Hier ist es großartig«, schreibt Nabokov. »Zweimal die Woche donnere ich von der Kanzel gegen Cervantes, und das vor einem Abgrund von fünfhundert Studenten.«
Von jetzt an folgt ein Wohnungswechsel dem anderen, und die vom Optimismus der fünfziger Jahre und viel philiströser Behaglichkeit erfüllten Wohnungen, die die Familie in den nächsten Jahren beziehen soll, bilden eine merkwürdige Kette um die Romane *Lolita* und *Pnin*.

Im Sommer 1952 mieten die Nabokovs 106, Hampton Road in Cayuga Heights, das Haus, in dem Nabokov seinen vier Jahre später veröffentlichten Roman *Pnin* zu schreiben beginnt. *Pnin*, die Geschichte eines russischen Professors in Amerika, seiner Kämpfe mit der Sprache, den Sitten und seinem eigenen Erzähler Vladimir N., gilt als Nabokovs leichtestes und heiterstes Erzählwerk. Tatsächlich versteckt es seine Tiefe nur raffinierter als die späteren großen Romane.

»Da wären wir. Das ist mein palazzo«, sagte der zum Scherzen aufgelegte Pnin ... »Was für ein schauerliches Haus [kakoj shutkij dom]«, sagte sie, als sie sich auf den Stuhl neben dem Telephon setzte und ihre Gummiüberschuhe auszog – so vertraute Bewegungen! »Guck dir mal dieses Aquarell mit den Minaretten an. Das müssen ja schreckliche Leute sein.« »Nein«, sagte Pnin, »es sind Freunde von mir.«

Im Herbst 1953 folgt wiederum ein Umzug, diesmal in die East State Street, ein Haus, in dem die Nabokovs schon 1948 gewohnt hatten. An seine Schwester in Genf schreibt Vladimir damals: »Ich bin ziemlich fett, habe fast die 190-Pfund-Grenze erreicht, habe falsche Zähne und eine Glatze, aber ich bin in der Lage, achtzehn Meilen am Tag in gebirgigem Gelände zu laufen. Meistens laufe ich zehn, und Tennis spiele ich inzwischen besser als in meiner Jugend. Die Leidenschaft für die Schmetterlingsjagd hat sich in eine regelrechte Manie verwandelt, und ich habe viele interessante Entdeckungen gemacht... Im allgemeinen läuft alles wunderbar.«

Im Juli 1954 schreibt Nabokov einen längeren Brief an Edmund Wilson, in dem er seinem Freund erstmals von *Lolita* erzählt und auch bereits erste Publikationsschwierigkeiten andeutet. Er bittet Wilson, den Roman zu lesen. Dessen kritische, zum Teil geradezu verständnislose Reaktion muß ihn enttäuschen; trotzdem läßt er sich nur wenig anmerken, und die Freundschaft bleibt vorerst ungetrübt.

Taos, NM
Postlagernd
30. Juli 1954

Lieber Bunny,
seit Monaten will ich Dir schreiben, aber es war eine Zeit großer Anstrengungen für mich und ist es noch immer und wird es noch eine Weile sein. Zunächst möchte ich Dir für das Buch mit Deinen Stücken danken.
Das *Sinij Ogonjotschek* halte ich noch immer für Dein bestes, was Harmonie und vielschichtige Bedeutung angeht. Das *Diabolische Stück* fand ich ungemein amüsant und gut gemacht. Auch Véra dankt Dir und übersendet den Ausdruck ihrer Wertschätzung. Sodann möchte ich Dir sagen, daß ich Deinen biblischen Essay im *New Yorker* mit großem Vergnügen gelesen habe, und ich hoffe, daß da noch mehr nachkommt.
Ich sammle jetzt Schmetterlinge in New Mexico. Aufgrund einer öden Kette von Ereignissen haben wir von Ithaca aus telegraphisch ein Haus hier gemietet. Wir sind in der Nähe eines großartigen Canyons, wo ich auf die Jagd gehe, und zwölf Meilen von Taos entfernt, einem trostlosen Loch voller drittklassiger Maler und verblühter Schwuchteln. Das Haus kostet nur 250 Dollar für den ganzen Sommer, und dazu gab es noch einen Obstgarten. Leider holen sich unsere spanischen Nachbarn das ganze Obst, und ein interessanter Abwassergeruch erfüllt den euphemistisch so benannten Patio. Die Berge um uns herum sind für meine Zwecke zwar ausreichend hoch, für Dmitri zum Bergsteigen jedoch nicht interessant genug. Er ist den Sommer über bei uns, fährt aber vielleicht ein wenig später in die Tetons. Wie verbringst Du den Sommer? Laß uns doch wissen, wie es Euch allen so geht. Bist Du Mitte September in New York? Am 14. September muß ich im English Institute einen Vortrag über die Kunst des Übersetzens halten.
Meine Arbeit an *Eugen Onegin* mußte ich wegen anderer Dinge beiseite legen. Eines davon ist die Ausgabe von *Anna Karenin* auf englisch mit meinen Anmerkungen, Kommentaren, Einführungen usw. für Simon and Schuster. Sie wollten als erstes eine Überarbeitung des ersten Teils mit Anmerkungen, und die habe ich soeben fertiggestellt. Bei Viking habe ich einen Vertrag für mein Buch über Pnin unterschrieben, werde es aber vor Ende des Winters nicht beenden können.
Der Roman, an dem ich nun fünf Jahre lang gearbeitet habe, wurde von den beiden Verlagen (Viking und S & S.) ... prompt abgelehnt. Man meinte dort, er würde auf die Leser pornographisch wirken. Ich habe ihn nun an New Directions geschickt, aber es ist unwahrscheinlich, daß sie ihn nehmen. Ich betrachte diesen Roman als meinen besten auf englisch, und wenngleich Thema und Situation ausgesprochen erotisch sind, ist er von reiner Kunst und wildem Witz. Es wäre schön, wenn Du einmal einen Blick hineinwerfen könntest. Pat Covici meinte, im Falle einer Veröffentlichung würden wir alle im Gefängnis landen. Dieses Fiasko deprimiert mich ziemlich. Was mich auch noch ganz schlapp und hysterisch gemacht hat, ist meine russische Version von *Conclusive Evidence*, die als Serie im *Nowyj Shurnal* erscheint und im Herbst bei der Tschechow-Firma herauskommt. Bitte schreib mir.
Beste Grüße von uns beiden an Elena.
Dein V.

Im Jahr 1954 übersiedeln die Nabokovs zunächst nach 101, Irving Place, wo Vladimir einige Monate später *Lolita* beendet. Es ist kein Zufall, daß Humbert Humbert ausgerechnet drei Jahre quer durch Amerika irrt, bevor er eine völlig heruntergekommene und hochschwangere Lolita wiederfindet, die ihm mitteilt, daß alles vorbei ist. Denn genauso lange hat Nabokov gebraucht, *Erinnerung, sprich* zu schreiben, seine Autobiographie, die den Roman erst möglich gemacht hat: Hier hat er zu seinem englischen Stil gefunden, weshalb er endlich mit der ihn quälenden Sehnsucht nach der russischen Sprache abschließen konnte. Und so erscheint es wie eine Ironie des Schicksals, daß es noch einmal drei Jahre dauert, bis *Lolita* in Amerika gedruckt werden darf.

Herbst 1954: Die Familie zieht um nach 700, Stewart Avenue, in die sogenannten Bellayre Apartments. Nach der Fertigstellung von *Pnin* beginnt Nabokov hier mit der sich über Jahre erstreckenden Arbeit an der Übersetzung und Kommentierung von Puschkins *Eugen Onegin*. Er habe, wird er im Alter sagen, der russischen Literatur mehr gegeben als von ihr empfangen.

Im Juli 1955 geht die Familie nach 808, Hanshaw Road. Kurz darauf ist der *Lolita*-Skandal in vollem Gange, ausgelöst vornehmlich durch einen im Januar 1956 im *Sunday Express* erschienenen Verriß: »Zweifellos das schmutzigste Buch, das ich je gelesen habe«, schreibt der Rezensent. »Reine hemmungslose Pornographie. Die Hauptfigur ist ein perverser Kerl, der eine Leidenschaft für Nymphchen hat, wie er sie nennt. Das, erklärt er, sind Mädchen zwischen elf und vierzehn.«

Als die Nabokovs im Herbst 1955 in das Haus auf 425, Hanshaw Road ziehen, überschlagen sich bereits die Stimmen in Ärger, Abscheu, philisterhafter Empörung, wodurch sich Nabokov im September zu einer Reaktion veranlaßt sieht. Er schreibt den Artikel *Über ein Buch mit dem Titel Lolita*, in dem es heißt: »Von keinem Schriftsteller eines freien Landes sollte erwartet werden, daß er sich um die exakte Demarkation von Sinnhaftigkeit und Sinnlichkeit Sorgen macht; das wäre eine wahrhaft komische Aufgabe.«

Nachdem vier amerikanische Verleger *Lolita* 1954 abgelehnt hatten, erschien der Roman schließlich im Jahr darauf in der Pariser Olympia Press, mehr oder weniger ein Haus für elegantere Formen von Pornographie. Und sofort nahm das Buch den Weg zurück zu seinem Ausgangspunkt. Amerikanische Studenten schmuggelten es durch den Zoll, bis es von Frankreichs Regierung beschlagnahmt wurde. Aber *Lolita* war nicht mehr einfach beiseite zu schieben. Noch 1955 empfahl Graham Greene den Roman als eine der drei besten Publikationen des Jahres, und in der englischen Presse kam es zu jener »miesen, kleinen Erregung«, die Nabokov im Skandalerfolg seines Buchs sah: Plötzlich war er in aller Munde.

Er selbst nannte seine *Lolita* eine »schmerzvolle Geburt, ein schwieriges Baby und eine liebe Tochter«. Er war jetzt 59 Jahre alt, und seltsam: Vierzig Jahre, nachdem er durch die Oktoberrevolution ein Millionenerbe eingebüßt hatte, gewann er es nun durch die Gunst eines Nymphchens, seines Geschöpfes, zurück. Denn als der Roman 1958 nach Amerika zurückkehrte, eroberte er sofort die Bestsellerlisten und bestimmte über Monate das literarische Gespräch.

> Lolita, light of my life, fire of my loins. My sin, my soul. Lo-lee-ta: the tip of the tongue taking a trip of three steps down the palate to tap, at three, on the teeth. Lo. Lee. Ta.
>
> She was Lo, plain Lo, in the morning, standing four feet ten in one sock. She was Lola in slacks. She was Dolly at school. She was Dolores on the dotted line. But in my arms she was always Lolita.
>
> Did she have a precurser? She did, indeed she did. In point of fact, there might have been no Lolita at all had I not loved, one summer, a certain initial girl-child. In a princedom by the sea. Oh when? About as many years before Lolita was born as my age was that summer. You can always count on a murderer for a fancy prose style.
>
> Ladies and gentlemen of the jury, exhibit number one is what the seraphs, the misinformed, simple, noble-winged seraphs, envied. Look at this tangle of thorns.

Der Roman, als Mischung verschiedener Stile und Genres angelegt, läßt, wie immer bei Nabokov, mehrere Lesarten zu. Vordergründig entlarvt er Schritt für Schritt Humberts perverse Leidenschaft und zeigt, wie Lolitas Kindheit dadurch unwiederbringlich zerstört wird. Auf einer höheren Ebene jedoch ist er eine Parodie: *Lolita*, aus literarischen Kindsbräuten wie Edgar Allan Poes *Annabel Lee* oder Prosper Merimées und Georges Bizets *Carmen* zusammengesetzt, wirkt wie eine Überbietung poetisch sublimierter Männerphantasien, und Humbert wiederum verweist auf den von Nabokov geliebten Nympholeptiker Lewis Carroll, »den ersten Humbert Humbert«. Was aber war es dann, das man Nabokov so verübelte? Drei große Tabus, meinte er in einem Interview lakonisch, beherrschen die amerikanische Gesellschaft: »Pädophilie, glückliche Ehen zwischen Schwarz und Weiß und glückliche Atheisten, die mit 106 Jahren selig entschlafen.«

Merkwürdig hebt sich von all diesem Trubel die Verschwiegenheit und gleichsam improvisierte Stille ab, in der das Buch entstand. Nabokov schrieb *Lolita* morgens vor seinen Vorlesungen, an bewölkten Colorado-Nachmittagen auf Karteikarten in einem geparkten Wagen, wenn die Schmetterlinge schliefen, oder nachts im Hotel, nach einem langen Tag der Schmetterlingsjagd. In solcher Abgeschiedenheit entstand die Geschichte eines siebenunddreißigjährigen Mannes und seiner verhängnisvollen Leidenschaft für ein zwölfjähriges Mädchen.

Es schien, als ob das akademische Vagabundentum der Familie dem Buch zugute gekommen sei: Die Vielzahl möblierter Häuser, die Nabokov von seinen akademischen Kollegen mietete, lieferte ihm etwas wie ein Durchschnittsbild amerikanischer Haushalte, während sein Sohn Dmitri ihn mit den Accessoires des Teenagerlebens versorgte und die alljährlichen Schmetterlingstouren quer durch 46 amerikanische Staaten und Hunderte von Motelzimmern zur Vorlage für Humberts und Lolitas Reiserouten und Motelerlebnisse wurden.

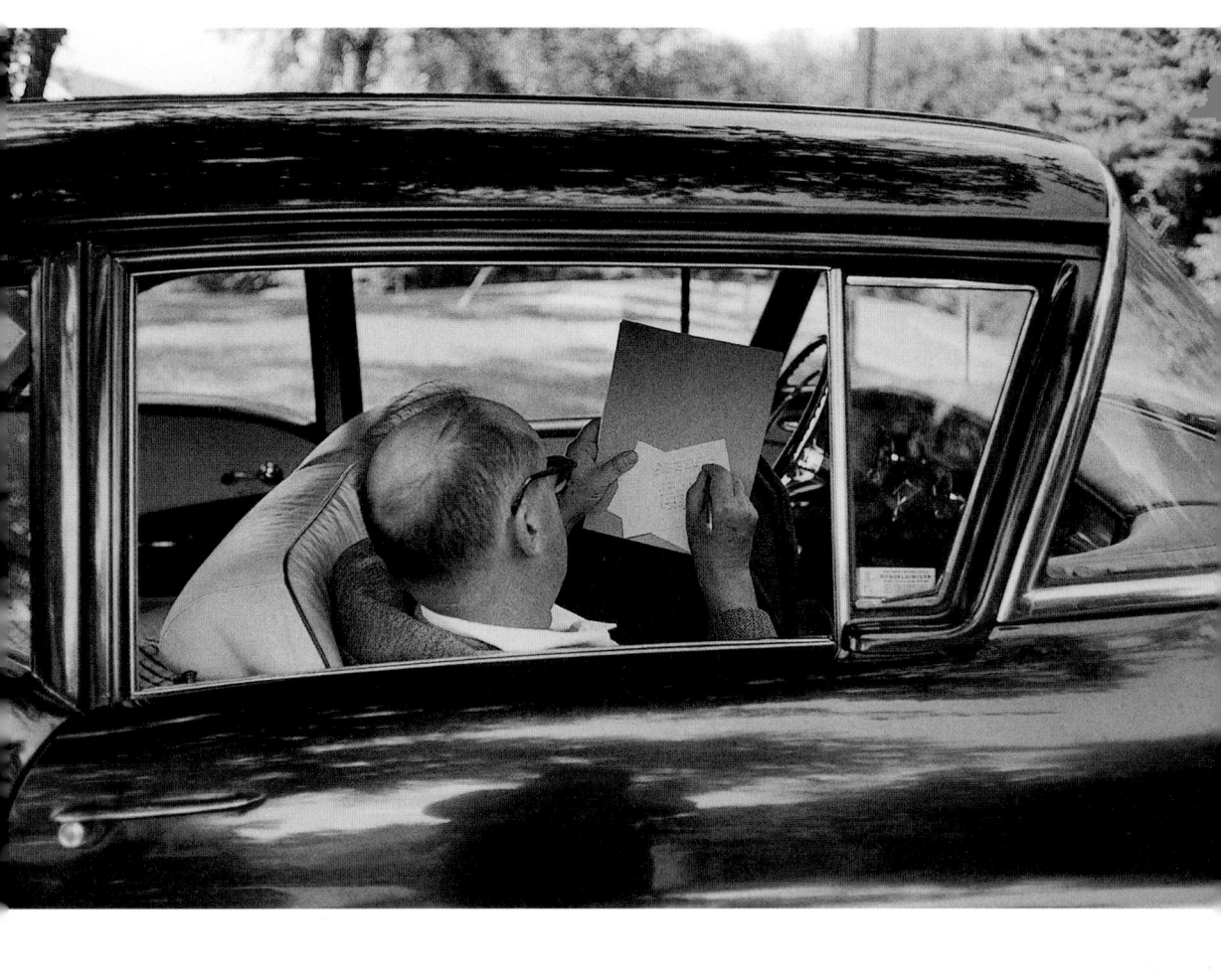

Stellen Sie sich vor, Sie wären Schriftsteller, und ein Engel würde auftauchen und ihnen sagen, das ist ein wirklich guter Roman, aber jetzt müssen sie ihn noch einmal schreiben, damit die Moral hineinpaßt. Wissen Sie, was Sie dann tun müssen? Ihre Pistole herausholen und ihn erschießen.

```
                                            Wellfleet
                                            Cape Cod, Mass.
                                            November 30, 1954



         Dear Vladimir:

                  The little girl seems very real and accurate
         and her attractiveness and seductiveness are absolutely
         plausible.  The hero's disgust of grown-up women is not
         very different, for example, from Gide's, the difference
         being that Gide is smug about it and your hero is made
         to go through hell.  The suburban, hotel, motel descriptions
         are just terribly funny.

                  I don't see why the novel should be any more
         shocking than all the now commonplace "etudes of other
         unpleasant moeurs".  These peculiar tastes are surely
         as prevalent even if they haven't been written about as
         often.  Why shouldn't the book be published in England,
         or certainly in France and then come back here in a
         somewhat expurgated form and be read greedily?

                  Unfortunately, my opinion is very unimportant.
         We would love to see you soon.  Please give my love
         to Vera.

                                     Elena



         In other words, I couldn't put the book down and think
         it is very important.
```

Anders als ihr Mann fand Elena Wilson warme Worte für *Lolita*; sie erkannte auch, daß der schockierende Stoff des Buchs allenfalls an der Oberfläche eine Rolle spielte. Nabokov war ihr für diesen Brief noch lange dankbar.

24 November 1955

Dear Bunny,

It was a pleasure seeing you but our meeting was much too brief.

Rahv, who had offered to print parts of my little Lolita in the Partisan, has changed his mind upon the advice of a lawyer. It depresses me to think that this pure and austere work may be treated by some flippant critic as a pornographic stunt. This danger is the more real to me since I realize that even you neither understand nor wish to understand the texture of this intricate and unusual production.

Our plans are to spend some six weeks of my sabbatical half-year in Cambridge, arriving there early in February, after which we shall probsbly drive to California, and return to Cornell in September. We are looking forward to seeing you and Elena in Cambridge.

We regret so much not having been able to join you in Boston for Thanksgiving.

Yours ever,

Ein Brief an Edmund Wilson vom November 1955 enthält die kürzeste und präziseste Umschreibung *Lolitas*, die Nabokov geben konnte: Er nennt das Buch »rein und streng«. Das Werk, in dem das puritanische Amerika über Jahrzehnte hinweg einen eklatanten Tabubruch sah, wird von seinem Autor bezeichnenderweise mit Attributen versehen, die im allgemeinen eher auf die formale Klarheit einer Bachschen Fuge zutreffen dürften.

Der einzige Club, dem Nabokov jemals angehörte, war der AAA, die »American Automobile Association«. 1948 machte Véra den Führerschein, und kurz darauf hatte die Familie genug Geld zusammen, um sich einen Plymouth zu kaufen. Diese Anschaffung kam seinen Gepflogenheiten entgegen, wollte Nabokov doch jeden Sommer mit seiner Familie zur Schmetterlingsjagd aufbrechen – nach Utah, Colorado, Wyoming, nach Montana und Minnesota, nach Michigan, Arizona, Oregon und New Mexico. »In der Zeit von 1949 bis 1959«, sagte er am Ende seines Lebens in einem Interview, »chauffierte Véra mich 150 000 Meilen weit kreuz und quer über den amerikanischen Kontinent – hauptsächlich auf Schmetterlingsausflügen.«

Im Februar 1957 mieten die Nabokovs 880, Highland Road, ein Ort, der ihnen ans Herz wachsen sollte. »Es ist wunderschön hier – alle Arten von Vögeln um unser Haus in den sanften Wäldern – Goldhalsspechte und Seidenschwänze und Blauhäher und die Drosseln, die fälschlich Rotkehlchen heißen«, schreibt Nabokov an Edmund Wilson. Hier beginnt er mit seinem nächsten Buch, dem Roman *Fahles Feuer*, über den er in einem Brief an seinen Lektor Jason Epstein in unverkennbarer Anspielung auf seine eigenen Lebensverhältnisse schreibt: »Meine wichtigste Figur ist der König von Thule, ... der mehr oder weniger inkognito lebt, mit einer Frau, die er liebt, irgendwo an der Grenze von Upstate New York und Montario, die Grenze ist ein wenig nebelhaft und unbeständig, aber es gibt einen Bus nach Golden Rod, einen anderen nach Calendar Barn, und an Sonntagen fließt der Hudson nach Colorado. Neben diesen, im ganzen ziemlich unschuldigen kleinen Unschärfen ist der Ort und die Lebensfarbe das, was ein Immobilienmakler realistisch nennen würde ...«

1957 legt Nabokov letzte Hand an seine monumentale Übersetzung und Kommentierung von Puschkins *Eugen Onegin*. Vor ihm auf dem Schreibtisch sind drei der elf dicken Aktenordner seines Typoskripts zu sehen; allein das von Nabokov erstellte Register umfaßte 5 000 in Dutzenden von Schuhkartons gelagerte Karteikarten. Ein gutes Jahr darauf, im Januar 1959, willigt nach mehreren fruchtlosen Versuchen schließlich die Bollingen Press ein, die Übersetzung zu publizieren. So ist das Jahr 1957 für Nabokov noch einmal eine Zeit der Schwierigkeiten, der inneren wie äußeren Kämpfe. Zugleich aber wächst sein Ruhm: Der Skandal um *Lolita* erreicht Cornell, und überdies wird er mit *Pnin* für den National Book Award nominiert. Im September 1957 läßt Nabokov erstmals ein russisches Seminar ausfallen, und zwar mit der Begründung, die Studenten seien zu schlecht, zu ahnungslos, mit der russischen Sprache zuwenig vertraut. Es ist ein deutliches Zeichen, daß er seiner Lehrtätigkeit überdrüssig wird.

Als *Eugen Onegin* erscheint, kommt es erneut zu einem Skandal, diesmal allerdings im Bereich akademischer Empfindlichkeiten. Die Übersetzung und die vier, jeweils 500 Seiten starken Bände des Kommentars sind heftig umstritten. »Meine Methode mag falsch sein, aber es ist eine Methode«, sagte Nabokov dazu, und in einem Brief an Edmund Wilson schrieb er: »Im übrigen besteht die Pflicht des Übersetzers, wie ich sie verstehe, nicht darin, einen obskuren oder antiquierten Begriff im Original zu vereinfachen oder zu modernisieren, sondern darin, seine Unverständlichkeit und Eigenart wiederzugeben.«

Ab Februar 1958 wohnen die Nabokovs für genau ein Jahr in 404, Highland Road. Es ist ihre letzte Adresse in Ithaca. Im August desselben Jahres wird *Lolita* in den Vereinigten Staaten veröffentlicht, ein Ereignis, das Nabokovs Leben über Nacht verwandelt: In den ersten drei Wochen schon werden 100 000 Exemplare verkauft. Sieben Wochen lang steht das Buch auf Platz 1 der Bestsellerliste; dann wird es von Pasternaks *Dr. Schiwago* auf den zweiten Platz verdrängt. Nicht einmal ein halbes Jahr später, im Januar 1959, hat *Lolita* seinem Autor bereits so viel Geld gebracht, daß er seine Professur aufgeben kann, zumal inzwischen auch die Harries-Kubrick-Pictures für ganze 150 000 Dollar die Rechte zur Verfilmung des Buchs erworben haben.

Nabokov ist ohne jeden Enthusiasmus, ja sogar mit Widerwillen nach Europa zurückgekehrt. Als Hauptgrund für die Übersiedlung in die Schweiz gab er an, daß seine Frau und er seiner in Genf lebenden Schwester und ihrem Sohn Dmitri nahe bleiben wollten, der in Italien gerade eine Karriere als Opernsänger begonnen hatte.

5 Montreux: Der Autor *Lolitas*

Lolita ist berühmt, nicht ich. Ich bin ein obskurer, in zweifacher Beziehung obskurer Romanschreiber mit einem unaussprechlichen Namen.

»Es war ein Jahr der Stürme: Hurrikan Lolita fegte von Florida bis Maine. Mars glühte. Schahs hielten Hochzeit. Düstre Russen spionierten. Lang malte dein Porträt. Und eines Abends starb ich«, sagt John Francis Shade in *Fahles Feuer*. In der Wirklichkeit aber brachte der Welterfolg von *Lolita* Nabokov mehr als »ein Jahr der Stürme.« Gehetzt von plötzlichem Ruhm, von Reportern, Photographen, Interviewern, Fernsehsendungen und Einladungen, finden die Nabokovs nach fast zweijährigem Mäandern – von 1959 bis 1961 zweimal hin und her zwischen Amerika und Europa – endlich einen Ort, an dem sie sich einem Leben nach eigenen Vorstellungen widmen können: das Grandhotel Montreux Palace in Montreux. Im *Le Cygne* genannten Seitenflügel, erbaut im Jahre 1834, mieten sie eine Sechs-Zimmer-Suite im obersten Stockwerk mit Blick auf den Genfer See und die Berge. »Keine lästigen Demonstrationen«, äußert sich Nabokov befriedigt über die Schweiz. »Keine sekkanten Streiks. Alpine Schmetterlinge. Phänomenale Sonnenuntergänge – der See ein einziges Funkeln und Flirren, die blutrote Sonne am Bersten, das Ganze direkt vor meinem Fenster!« In Montreux werden Berühmtheiten nicht gestört, im Gegenteil, sie werden in Ruhe gelassen; das ist das Einzigartige an diesem »rosigen Platz für unser Uferexil«, wie Nabokov sein neues Domizil liebevoll nennt. Außerdem ist die Familie wieder in der Nähe – Dmitri verfolgt in Mailand seine Karriere als Opernsänger, und Nabokovs Schwester Elena wohnt in Genf. Und zuletzt kann Nabokov auch seiner Leidenschaft für die Schmetterlingsjagd nachgehen. In den Schweizer Alpen fängt er 4323 Schmetterlinge – seine europäische Sammlung, die im Musée Cantonal in Lausanne aufbewahrt wird.

Der wohl bedeutsamste Vorteil allerdings liegt nicht im Privaten: Anders als in seinen amerikanischen Jahren kann sich Nabokov zum ersten Mal ausschließlich auf seine Arbeit konzentrieren. Dafür hält er einen strengen Tagesablauf ein. Von Schlaflosigkeit geplagt, steht er um sechs Uhr morgens auf und beginnt sofort zu schreiben, so daß er um 10.30 Uhr bereits viel geleistet hat. Gegen 11 Uhr macht er sich auf den Weg zum Bahnhof und kauft drei Tageszeitungen, die Londoner *Times*, *Le Monde* und den *Herald Tribune*. Nach dem Mittagessen zieht er sich erneut an seinen Schreibtisch zurück; danach gibt es Aperitifs und pünktlich um 18.30 Uhr das Abendessen. Um 21 Uhr geht Nabokov mit mehreren Büchern zu Bett, macht um 23 Uhr das Licht aus und kämpft etwa zwei Stunden mit der Schlaflosigkeit.

In diesem wohlkalkulierten Rhythmus entsteht das Spätwerk: *Ada oder das Verlangen* erscheint 1969. Drei Jahre darauf kommt *Durchsichtige Dinge* heraus und noch einmal zwei Jahre später *Sieh doch die Harlekine!*, die Parodie einer Autobiographie, die, verfaßt von dem Schriftsteller V. V. N., Vadim Vadimovitsch, der seinen Nachnamen vergessen hat (war es Naborcroft?), viele Parallelen zu Nabokovs eigenem Leben aufweist. Ihr Witz besteht unter anderem darin, daß Vadim, den die Angst verfolgt, nur der »minderwertige Epigone eines anderen Mannes« zu sein, immer mit Nabokov verwechselt wird, dessen frühe Texte in diesem Buch in Pasticcios und Persiflagen denn auch gegenwärtig sind.

Wenn die Kunst eines Schriftstellers, wie Nabokov es einmal in einem Interview formulierte, sein wirklicher Reisepaß ist, dann kann man Nabokov als ersten und einzigen »amerussischen Klassiker« bezeichnen. Denn der Abschied von Amerika wirkt sich unweigerlich auf seine Texte aus. »Ich kann jetzt keinen zeitgenössischen amerikanischen Schauplatz mehr benutzen«, sagt er in Montreux, »denn ich habe den Kontakt mit seinem Slang verloren.« Schon *Pale Fire*, das 999zeilige Gedicht, bestehend aus vier Gesängen mit Kommentar, noch in Amerika begonnen, doch in Europa vollendet, hat keinen eindeutig amerikanischen Hintergrund mehr, während die Geschichte von *Ada* gänzlich in einem Phantasieland spielt, das erst auf den letzten Seiten des Romans in ein reales Bild der Schweiz übergeht. Jetzt wird es noch schwieriger, Nabokov einzuordnen. Was ist er nun eigentlich, russischer oder amerikanischer Schriftsteller? Wohin gehört er wirklich? – dergleichen fragen sich die Kritiker. Und wenn er ihnen antwortet, »ich bin so amerikanisch wie ein Apfelkuchen« oder »ich fühle mich als Russe«, spätestens dann wissen sie, daß er weder das eine noch das andere ist, sondern eben ein amerussischer nabokovscher Nabokov.

In seinen »antithetischen Jahren«, wie er seinen letzten Lebensabschnitt in der Schweiz nennt, wird Nabokovs Werk in zahlreiche Sprachen übersetzt. Die ganze Familie steht vor einer Flut von zeitaufreibenden Aufgaben: Dmitri übersetzt, Véra schreibt manchmal einem Verleger mehr als vier Briefe pro Tag, Nabokov verbessert seine ursprünglichen Texte, liest Korrektur, schreibt Vorworte. Durch *Lolita* haben die Verlage plötzlich großes Interesse an seinen russischen Romanen, und er nutzt die Möglichkeit, seine schriftstellerische Vergangenheit wiederzubeleben. Der vergessene Klassiker W. Sirin erfährt dabei ein unerwartetes »Comeback« und Nabokov die Genugtuung, daß Sina in *Die Gabe* schließlich recht behielt, als sie sagte: »Ich glaube, du wirst ein Schriftsteller, wie es ihn noch nie gegeben hat, und Rußland wird geradezu nach dir schmachten, wenn es zu spät zur Besinnung kommt.«

Nabokov hat in der Tat etwas Gewaltiges geschaffen, etwas, das allen den Atem verschlägt.

[163]

Ein Hotel habe den Vorzug, daß es den Postverkehr erleichtere, hat Nabokov sibyllinisch bemerkt, als er in das Palace Hotel im schweizerischen Montreux einzog. Er lebt jetzt offenkundig und im großen Stil so, wie er in Amerika, von einer möblierten Wohnung zur nächsten ziehend, im Grunde auch gelebt hat: als Gast in einem fremden Haus in einem fremden Land. Neben den in dieser Zeit entstehenden großen Romanen widmet er sich jetzt vor allem, unterstützt von Dmitri, der Rettung seines Frühwerks. So wird aus der Nabokovschen Hotelsuite eine Art Literaturbüro, in das fortwährend Verlegerpost, Verträge, Druckfahnen, Übersetzungen eingehen, die Véra und Vladimir sorgfältig überprüfen.

Kaum waren die Nabokovs in Montreux angekommen, verbreitete sich das Gerücht, daß Véra der Ghostwriter Vladimirs sei: Man sah sie häufiger am Schreibtisch als ihn. Tatsächlich hatte sie ihrem Mann schon in Amerika alles abgenommen, was ihm zu anstrengend, zu lästig oder einfach unmöglich war. Sie tippte seine Briefe, die er auf lose Papierblätter kritzelte, schrieb seine Manuskripte ins reine, sprach mit den Verlagen über Bücher oder Neuauflagen, mit den Zeitungen über Vorabdrucke und war außerdem seine wichtigste literarische Beraterin. Sie nannte ihn »VN«. Das Monument der literarischen Öffentlichkeit, das er in den nächsten Jahren werden sollte, war ohne Zweifel im wesentlichen ihre Erfindung.

Nachdem *Lolita* seinen Autor nicht nur berühmt, sondern geradezu zum Star gemacht hatte, löste Véras Erscheinung bei vielen, die das Paar zum ersten Mal trafen, großes Erstaunen aus. Man hatte eher erwartet, Nabokov in Begleitung eines zwölfjährigen Mädchens zu sehen als neben dieser hochaufgeschossenen, weißhaarigen Dame mit dem mädchenhaften Gesicht, die schon so viele Jahre seine Frau war. Denn wie immer in vergleichbaren Fällen, so wurde auch in diesem vermutet, *Lolita* sei ein autobiographisch inspirierter Roman. »Das«, erwiderte Véra bei solchen Gelegenheiten, »ist der Hauptgrund, warum ich hier bin.«

Ich glaube ..., daß die Leser keine Nymphchen in meinen anderen Werken und in ihrem eigenen Hausstand aufspürten, hätte ich nicht *Lolita* geschrieben. Es amüsiert mich schon, wenn ein netter, höflicher Mensch mir mitteilt – wahrscheinlich nur, um nett und höflich zu sein –, »Mister Nabórkov« oder »Mister Nabahkov« oder »Mister Nabkov« oder »Mister Naboukov«, ganz nach seinen linguistischen Fähigkeiten, ich habe eine kleine Tochter, die eine regelrechte Lolita ist.« Die Leute neigen dazu, die Macht meiner Phantasie und meine Fähigkeit zur Hervorbringung serieller Ichs in meinen Schriften zu unterschätzen.

1959 kam *Lolita* auch in Italien heraus, wo
der Roman, wie überall sonst, sofort ein
Erfolg wurde. Die Abbildung zeigt Véra
(rechts) und Vladimir Nabokov bei einer
Feier anläßlich der Vorstellung des Buchs
im Mailänder Verlagshaus Mondadori.

Bedenkt man, daß Nabokov behauptete, er könne nicht Schreibmaschine schreiben, Auto fahren, Deutsch sprechen, verlorene Gegenstände wiederfinden, telephonieren oder Landkarten zusammenlegen, ja nicht einmal Regenschirme falten, so kann man sich unschwer vorstellen, womit Véra ihre Tage verbrachte. Sie tat, was in ihrer Macht stand, ihrem Mann ein Leben in der Kunst zu ermöglichen, und ersparte ihm so das Schicksal vieler seiner Romanfiguren: Gefangener seiner vielfältigen Leidenschaften zu sein.

Wenn er sie anschaute, schwang er sich ... zu solchen Höhen von Zärtlichkeit, Leidenschaft und Mitleid empor, wie sie die Liebe nur selten erreicht. Und nachts, besonders nach langen Zeitspannen geistiger Arbeit, wenn er, nicht auf vernünftigem Wege sozusagen, sondern durch die Hintertür des Deliriums, halb aus dem Schlaf erwachte, spürte er mit wahnsinniger, hinausgezögerter Verzückung ihre Anwesenheit im Zimmer, auf seinem Feldbett, das, zwei Schritte von ihm entfernt, hastig und nachlässig von einem Requisiteur zurechtgemacht worden war ...

Immer wenn ich beginne, an meine Liebe zu einem Menschen zu denken, habe ich die Gewohnheit, von dieser Liebe aus – von meinem Herzen aus, vom zarten Kern privater Materie aus – Radien zu ungeheuerlich entfernten Punkten des Weltalls zu ziehen. Etwas zwingt mich, das Bewußtsein meiner Liebe an so unvorstellbaren und unberechenbaren Dingen wie dem Verhalten von Spiralnebeln zu messen (deren Entfernung allein schon eine Form des Wahnsinns ist), an den furchtbaren Fallgruben der Ewigkeit, dem Unerkennbaren hinter dem Unbekannten, der Hilflosigkeit, den kalten, Übelkeit bereitenden Involutionen und Durchdringungen von Zeit und Raum. Es ist eine schlimme Gewohnheit, aber ich bin machtlos dagegen.

Nabokov widmet Véra jedes seiner Bücher, und in einem späteren Interview sagt er: »Oft erscheint im Innern meiner Bücher ihr Spiegelbild, hervorgezaubert durch irgendwelche rätselhaften Lichtreflexe.«
Ein solches Spiegelbild hat Nabokov in Clare Bishop, einer der Frauenfiguren seines Romans *Das wahre Leben des Sebastian Knight*, geschaffen, in dem es einmal heißt: »Ich weiß auch, daß Clare, wenn sie die Worte niederschrieb, die er auf seinem Manuskript entwirrte, manchmal einhielt, leicht die Stirn runzelte, den oberen Rand des angefangenen Bogens ein wenig anhob und die Zeile noch einmal las: ›Nein, mein Lieber. So kann man das auf englisch nicht sagen.‹ Er starrte sie dann einen Augenblick an, begann von neuem auf- und abzugehen und dachte widerwillig über ihre Bemerkung nach, während sie dasaß und wartete, die Hände sanft im Schoß gefaltet. ›Man kann es nicht anders ausdrücken‹, murmelte er schließlich. ›Wie wäre es zum Beispiel…‹, sagte sie – und es folgte ein genauer Vorschlag.«

Das Kappen von Verbindungen einerseits, die sorgfältige Auswahl aufrechtzuerhaltender Freundschaften andererseits – das sind, unter anderem, die Pflichtübungen des Ruhms. Nabokov unterzog sich ihnen gequält. Wenn er einmal eigenhändig einen Brief tippte, gab er sich dabei lieber als Véra aus, Telephongespräche vermied er in der Regel ganz, und zeitweilig war seine Abstinenz vom gesellschaftlichen Verkehr so rigoros, daß das Gerücht aufkam, Véra halte ihn als Gefangenen in der eigenen Wohnung.

Tatsächlich war es eine Gefangenschaft, doch eine selbstgewählte von durch und durch zärtlicher Art. Unzertrennlich und sich selbst genug, bildeten die beiden Nabokovs eine vollkommen glückliche Vielheit von zwei: 52 Ehejahre hielten sie, fast ohne jede Irritation, zueinander. »Er war wunderbar«, sagte Véra nach Vladimirs Tod darüber in aller Lakonie, »wir hatten eine ziemlich ungewöhnliche Beziehung.«

Dmitri Nabokov ist nicht nur ein begnadeter Opernsänger, er ist auch ein begeisterter Alpinist und ein waghalsiger Rennfahrer. Seine Eltern sind in ständiger Sorge um ihn. »Es ist nicht gesund, wenn wir uns so aufregen«, schreibt Nabokov seinem Sohn: »Wir sind 120 Jahre alt und können einfach nicht verstehen, warum Du das nicht verstehst.« Heute tut er alles, was in seinen Kräften liegt, um dem literarischen Erbe seines Vaters ein würdiger Nachlaßverwalter zu sein.

Im Badezimmer der Nabokovs stand neben der Toilette immer ein Schachbrett. In Wirklichkeit allerdings war Nabokov kein Spieler im eigentlichen Sinne, er war ein großer Problemlöser und, mehr noch, ein Problemkompositeur des Schachs. Viele schlaflose Nächte hat Nabokov auf die Erfindung von Zwei- und Dreizügern verwandt, und 1970 hat er sogar ein Buch veröffentlicht, das Gedichte und Schachaufgaben versammelt: *Poems and Problems*.

Für ihn unterschied sich die Konstruktion eines Problems von der gespielten Partie ungefähr so, wie sich ein auf seine Stimmigkeit geprüftes Sonett von journalistischer Polemik unterscheidet. Die Komposition eines solchen Problems begann fern vom Schachbrett (wie die Komposition von Gedichten fern vom Papier begann) und bei horizontaler Lage auf dem Sofa (das heißt, wenn der Körper eine entfernte blaue Linie wird: sein eigener Horizont), wenn ihm plötzlich durch einen inneren Impuls, der von dichterischer Inspiration nicht zu unterscheiden war, eine phantastische Methode vor Augen trat, wie man dieser oder jener ausgeklügelten Problemidee (sagen wir, der Verbindung zweier Themen, des indischen und des Bristolschen – oder aber etwas vollkommen Neuem) konkrete Form geben könnte.

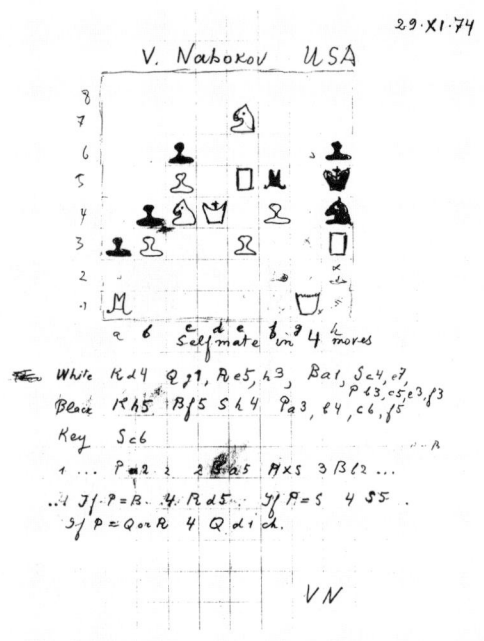

Wie oft habe ich darum gerungen, die schreckliche Macht der weißen Königin so zu fesseln, daß es kein Mattdual geben konnte! Man muß sich darüber im klaren sein, daß der Kampf bei Schachproblemen nicht eigentlich zwischen Weiß und Schwarz stattfindet, sondern zwischen dem Problemautor und dem hypothetischen Löser (genau wie in einem erstklassigen Roman der wirkliche Zusammenstoß nicht zwischen den Figuren, sondern zwischen dem Verfasser und der Welt stattfindet), so daß der Wert eines Problems zu einem großen Teil von der Zahl der Versuche abhängt – täuschende Eröffnungen, falsche Fährten, trügerische Lösungswege, mit Scharfsinn und Liebe entworfen, um den Löser in die Irre zu führen.

Matt in drei Zügen

Dieses Problem, komponiert in Montreux am 8. August 1970 und veröffentlicht in *The Problemist* im November 1970, belegt einen ungewöhnlichen Fall von Selbstblockade (mit Entfesselung des schwarzen Springers), Zugzwang in der zweiten Variante und einer zusätzlichen Fesselung in der dritten.
Lösungen

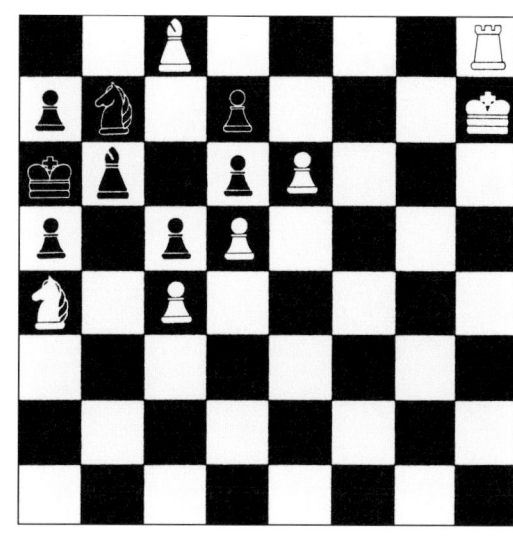

Schlüsselzug: T-d8
1. ... L×T 2. L×B; – 3. L. setzt Matt
1. ... L–c7 2. T×B; – 3. L×Sr mit Matt
1. ... B×B 2. T×B; – 3. Sp×B mit Matt

Das Schachspiel war für Nabokov mehr als nur Zeitvertreib der Schlaflosigkeit. Er hat in ihm viele Analogien zur Literatur gesehen und für diese auch genutzt, von *Lushins Verteidigung* über *Das wahre Leben des Sebastian Knight* bis hin zu *Ada oder das Verlangen*, dem letzten seiner veröffentlichten Romane. Denn es waren dieselben ästhetischen Freuden, die er hier wie dort empfand, es war dasselbe Grundmuster von Finten, Irreführungen und lang vorbereiteten Intrigen, und es war zuletzt dieselbe Mischung aus Klarheit und Bizzarerie, die ihn anzog. Als er *Ada* schrieb, hat er eine Bemerkung über das Schachspiel gemacht, die sich deshalb ohne weiteres auch auf den gerade entstehenden Roman beziehen läßt: Immer habe er sich bemüht, »den klassischen Regeln, zum Beispiel der Ökonomie der Kraft, der Einheit, dem Ausschluß blinder Motive« zu entsprechen. Trotzdem sei er immer bereit gewesen, die Reinheit der Form den Ansprüchen phantastischen Wettkampfs zu opfern.

Literatur- und Schmetterlingskunde waren, so scheint es, die beiden Flügel, die Nabokov durch ein äußerlich unstetes Leben trugen. Beide Leidenschaften begleiten ihn von frühester Kindheit bis ins hohe Alter, wobei die Lepidopterologie der Literatur sogar um einige Jahre vorausgeht: Mit sieben Jahren beginnt er sich für Schmetterlinge zu interessieren, zehn Jahre bevor er seine ersten Gedichte schrieb.

Dieter E. Zimmer, dem die einzige große Studie über Nabokovs Schmetterlinge und Nachtfalter zu verdanken ist, hat darauf hingewiesen, daß die schriftstellerische und die wissenschaftliche Arbeit Nabokovs keineswegs als gesonderte Entwicklungen zweier Begabungen, sondern als zusammengehörig zu betrachten sind, als zwei analoge Ausformungen desselben Talents. Denn beide verbindet die Freude am Detail, die Überzeugung, daß Präzision Schönheit ist, sowie der Sinn für Mimikry, Täuschung und Verwandlung. Kein Wunder, daß auch in den Romanen Nabokovs Schmetterlinge eine wesentliche, wenn auch häufig verschlüsselte Bedeutung haben. In *Einladung zur Enthauptung* etwa denkt der Protagonist kurz vor seiner Exekution an einen Nachtfalter, der durch seine Zelle flatterte; in *Lolita* distanziert sich Nabokov von seinem Helden Humbert Humbert, indem er ihn einige lepidopterologische Schnitzer begehen läßt, die ihm selbst nie unterlaufen wären; in *Pnin* fliegt sogar ein nach Nabokov benannter Schmetterling durch die Landschaft, freilich inkognito. Und noch in Montreux hat Nabokov viel Zeit auf ein Buch verwandt, daß die Geschichte der Schmetterlingsporträts in der bildenden Kunst von der Antike bis auf unsere Tage nachzeichnen sollte.

Die Naturwissenschaft bedeutet für mich vor allem Naturforschung. Nicht die Fähigkeit, ein Radiogerät zu reparieren; das können auch ziemliche Wurstfinger.

Ich will meinen Dämon objektiv ins Auge
fassen. Mit Ausnahme meiner Eltern
verstand kein Mensch meine Besessenheit
wirklich, und es vergingen viele Jahre, bevor
ich einen Leidensgefährten traf.

In Montreux endlich ist Nabokovs Leben äußerlich zur Ruhe gekommen. Seit seiner Kindheit hatte er nicht mehr so gleichmäßig und frei an einem Ort seiner Wahl gelebt, ganz seinen Interessen hingegeben. Dennoch hat er im Exil immer auch einen Grund von Glück entdeckt, und in seiner Autobiographie hat er den Bruch in seinem Leben sogar eine »synkopische Befriedigung« genannt, die er um keinen Preis missen wolle.

Praktisch alle berühmten russischen Schriftsteller sind hier irgendwann umhergestreift. Shukowskij, Gogol, Dostojewskij, Tolstoj – der zum Schaden für seine Gesundheit den Hotelzimmermädchen nachstellte – und viele russische Lyriker. Doch das gleiche ließe sich von Nizza oder Rom sagen.

Hätte man ihn gefragt, ob er sich in einzelnen Figuren seiner Romane verkörpert habe, dann hätte Nabokov vermutlich mit einem Nein geantwortet. Anders als bei Marcel Proust oder James Joyce sind autobiographische Bezüge bei ihm, je weiter das Werk voranschreitet, immer stärker verschlüsselt, und allenfalls in den frühen Romanen Nabokovs kann man verhältnismäßig direkte Verbindungen zwischen Autor und Protagonist ziehen, etwa bei Godunow-Tscherdynzew in *Die Gabe* oder bei Ganin in *Maschenka*.

Ich verabscheue Dinge wie Jazz; den weißbestrumpften Schwachkopf, der einen schwarzen, rotgestreiften Bullen quält; abstrakten Krimskrams; primitivistische Masken; progressive Schulen; Musik in Supermärkten; Swimmingpools; Brutalos, Langweiler, klassenbewußte Spießer, Freud, Marx, Pseudo-Denker, aufgeplusterte Denker, Schwindler und Haie.

Ich muß eine schnelle Inventur des Universums machen, genau wie ein Mensch im Traum die Absurdität seiner Lage entschuldigt, indem er sich vergewissert, daß er träumt. Der ganze Weltraum, die ganze Zeit muß an meinem Gefühl teilhaben, an meiner sterblichen Liebe, so daß ihrer Vergänglichkeit die Spitze genommen wird und ich eher imstande bin, gegen die tiefe Erniedrigung, gegen die Lächerlichkeit und Entsetzlichkeit der Einsicht anzukämpfen, in einem endlichen Leben eine Unendlichkeit an Fühlen und Denken hervorgebracht zu haben.

Ich muß wissen, wo ich stehe, wo Du stehst, und wo mein Sohn. Wenn jene lautlose Zeitlupenexplosion der Liebe in mir stattfindet, ihre zart zerfließenden Ränder entfaltet und mich mit dem Gefühl von etwas viel Weiterem, viel Dauerhafterem und Mächtigerem überwältigt, als es die Anhäufung von Materie und Energie in irgendeinem denkbaren Kosmos sein kann, dann kann mein Geist nichts anderes tun, als sich zu kneifen, um zu sehen, ob er auch wirklich wach ist.

In Montreux entsteht das Spätwerk Nabokovs. Etliche Jahre arbeitet er an *Ada oder das Verlangen*, das 1969 erscheint. Drei Jahre darauf kommt *Durchsichtige Dinge* heraus und noch einmal zwei Jahre später die Parodie einer Autobiographie *Sieh doch die Harlekine!* Bis kurz vor seinem Tod 1977 schreibt er an einem letzten umfangreichen Roman, der zunächst den salopp metaphysischen Titel *Dying is fun* trug, dann aber in *The Original of Laura* umbenannt wurde. Viele Kritiker haben in *Ada* das komplexeste und schwierigste, aber auch großartigste Werk Nabokovs gesehen. Wahr ist jedenfalls, daß der Schriftsteller von diesem Buch und seinem philosophischen Kern *Das Gewebe der Zeit* mit ungewöhnlichem Enthusiasmus gesprochen hat. »Mein *Gewebe der Zeit*, im Moment fast halb fertig«, hat er in einem Interview bemerkt, »ist nur das zentrale rosettenförmige Gespinst eines viel breiteren und reichhaltigeren Romans mit dem Titel *Ada*. Er handelt von leidenschaftlicher, hoffnungsloser, stürmischer Liebe bei Sonnenuntergang, mit Schwalben, die hinter dem Buntglasfenster vorbeischießen …«

Technisch hat sich Nabokovs Schriftstellerei seit Jahrzehnten nicht geändert: Das Werk schwebt ihm vollständig vor, bevor er mit der Arbeit beginnt. Er schreibt es indessen nicht vom ersten zum letzten Blatt durch, sondern notiert einzelne Teile auf Karteikarten, die er am Ende numeriert und in die richtige Ordnung bringt.

Als Künstler und Gelehrter schätze ich die spezifische Einzelheit höher als die Verallgemeinerung, Bilder höher als Ideen, obskure Fakten höher als klare Symbole und die erspähte Wildfrucht höher als die synthetische Konfitüre.

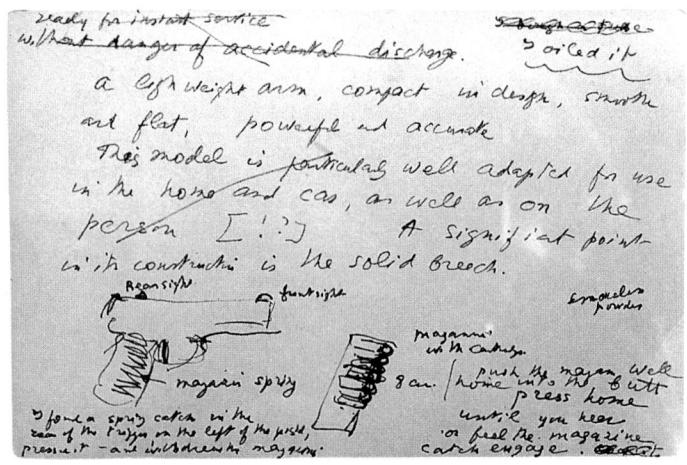

Insbesondere in der angelsächsischen Welt hat man Nabokov lange als reinen Ästhetizisten und Meister formalistischer Taschenspielertricks betrachtet. Nabokov hat darin mit Recht Mißverständnisse, auch Mißachtung gesehen, und vielleicht ist dies von den Irrmeinungen, die über ihn kursieren, die größte. Nabokov war ein unnachgiebiger Moralist, und er war es nicht nur in *Einladung zur Enthauptung* oder dem *Bastardzeichen*, sondern auch in *Lolita*.

Was ist das Schlimmste, was ein Mensch tun kann?
Stinken, betrügen, foltern.
Und was ist das beste?
Freundlich sein, selbstbewußt sein, furchtlos sein.

Ist der Tod, nach einem von Täuschung und Trug begleiteten Leben, selbst noch ein Trug, oder ist er dessen Enthüllung? Nabokov hat diese Frage in fast allen seinen Romanen und Erzählungen gestellt. Vielleicht findet sich in einem Absatz seines vieltausendseitigen Werks tatsächlich, wie seine Romanfiguren mitunter andeuten, auch der Schlüssel zu einer Antwort. »Wir haben das Gefühl«, heißt es in *Das wahre Leben des Sebastian Knight*, »am Rand einer absoluten Wahrheit zu stehen, blendend in ihrem Glanz und zur gleichen Zeit fast unscheinbar in ihrer vollkommenen Schlichtheit. In einem unglaublichen Kunststück suggestiver Formulierung macht uns der Autor glauben, er wisse die Wahrheit über den Tod und werde sie preisgeben. Zugleich, am Ende dieses Satzes, in der Mitte des nächsten oder vielleicht ein Stück weiter werden wir etwas erfahren, was unser gesamtes Denken verändert, so als entdeckten wir, daß wir unsere Arme nur in einer ganz einfachen, aber noch nie versuchten Art und Weise zu bewegen brauchen, um fliegen zu können.«

Das unglückliche Bild eines »Weges«, an das der menschliche Geist sich gewöhnt hat (das Leben als eine Art Reise), ist eine dumme Illusion: Wir gehen nirgends hin, wir sitzen zu Hause. Die andere Welt umgibt uns immer und liegt keineswegs am Ende irgendeiner Pilgerfahrt. In unserem irdischen Haus sind die Fenster durch Spiegel ersetzt; die Tür ist bis zu einer bestimmten Zeit geschlossen; aber durch die Ritzen dringt Luft herein. Die für unsere Stubenhockersinne am leichtesten zugängliche Vorstellung von unserem zukünftigen Begreifen jener Umgebung, die uns mit dem Zerfall des Körpers offenbart werden soll, ist die Befreiung der Seele von den Augenhöhlen des Fleisches und unsere Verwandlung in ein einziges vollkommenes und freies Auge, das gleichzeitig in alle Richtungen sehen kann, oder anders gesagt: ein übersinnlicher Einblick in die Welt, begleitet von unserer inneren Beteiligung.

Die für mich verlockendste Auffassung –
daß es keine Zeit gibt, daß alles Gegenwart
ist, die wie ein Leuchten außerhalb unserer
Blindheit liegt – ist eine ebenso hoffnungs-
los endliche Hypothese wie alle übrigen.

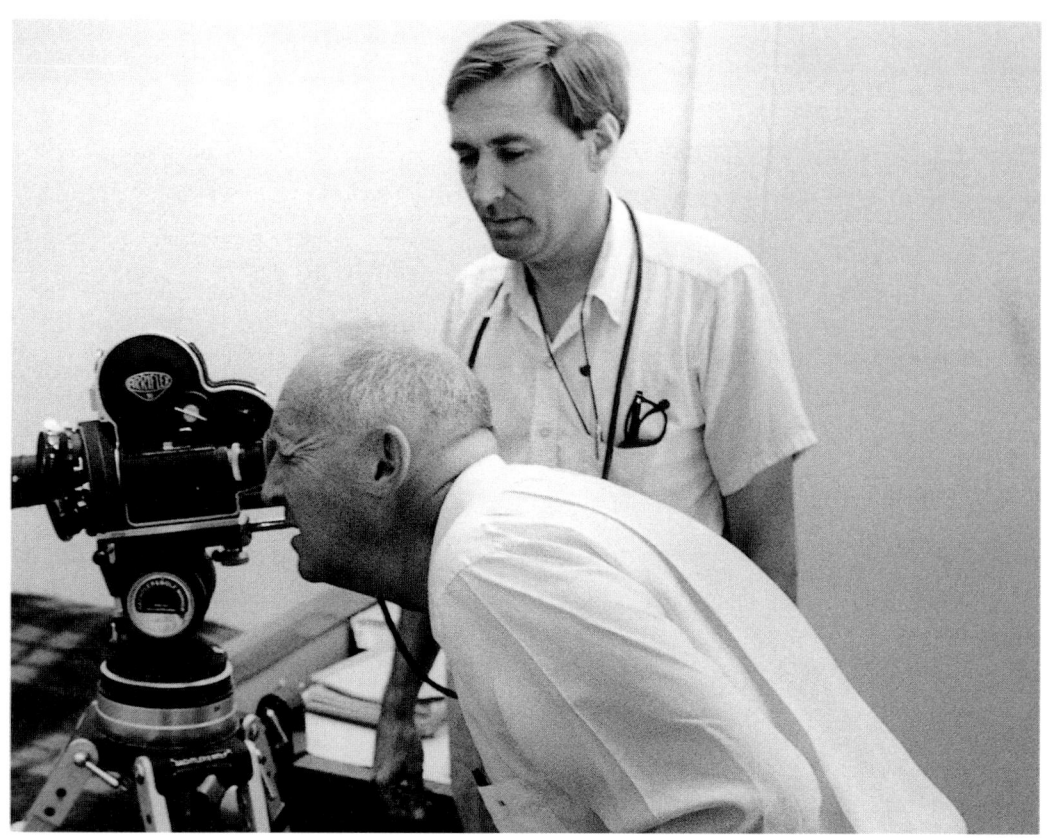

Man kann der Wirklichkeit, wenn ich so
sagen darf, immer näher kommen; aber
man kommt ihr niemals nahe genug,
denn die Wirklichkeit ist eine endlose Folge
von Stufen, Wahrnehmungsebenen,
Doppelbödigkeiten und infolgedessen
unermeßlich, ungreifbar.

Mein forschendes Denken wendet sich oft jenem Ursprung zu, jenem umgekehrten Nichtsein. So erscheint mir der nebelhafte Zustand des Säuglings immer wie eine langsame Genesung von einer schrecklichen Krankheit, und die Entfernung von der ursprünglichen Nichtexistenz wird zu einem Sich-ihr-Nähern, wenn ich mein Erinnerungsvermögen aufs äußerste anspanne, um von jener Dunkelheit zu kosten und ihre Lektionen zu nutzen, um mich auf die künftige Dunkelheit vorzubereiten; aber während ich mein Leben auf den Kopf stelle, so daß Geburt Tod wird, kann ich am Rande dieses umgekehrten Sterbens nichts entdecken, was dem grenzenlosen Schrecken entspräche, den, wie es heißt, selbst noch ein Hundertjähriger empfindet, wenn er sich dem tatsächlichen Ende gegenübersieht.

Véra Nabokov sollte ihren Mann um vierzehn Jahre überleben. Auch nach seinem Tod kümmerte sie sich unermüdlich um die Herausgabe seines gewaltigen Œuvres: sechzehn Romane, ungezählte Kurzgeschichten, Gedichte, Dramen, Übersetzungen und Vorlesungen. Um Übersetzungen kontrollieren zu können, lernte sie Italienisch; Englisch und Französisch sprach sie ohnehin. »Sie war der Hals, der Nabokovs Kopf getragen hat«, formulierte einer seiner ehemaligen Schüler.
Véra und Vladimir Nabokov gelang es, auf fast ideale Weise die Kunst einerseits, die Liebe andererseits in ihrer Ehe zu verbinden. Als Véra am 7. April 1991 starb, wurde ihre Asche in der Urne Vladimirs beigesetzt.
In den *Szenen aus dem Leben eines Doppelungeheuers*, einer Kurzgeschichte von 1950, heißt es: »Ich besaß noch einen anderen Schatten, eine handgreifliche Spiegelung meines körperlichen Ichs, die ich zu meiner Linken ständig bei mir führte.«
Das Bild zeigt Véra 1989 mit ihrem Sohn Dmitri in Montreux.

Leb wohl, Buch! Eine Todesstunde ist auch
Visionen nicht vergönnt ... Sich jäh von der
Musik zu wenden, vermag kein Ohr, so rasch
zu enden, kein Text ... und selbst das
Schicksal klingt noch nach. Vom wachen
Geist erzwingt mein Text, der so geendet
hat, nicht, diesen Punkt als Schluß zu sehen:
Des Daseins Truggestalten wehen
blauschimmernd übers schwarze Blatt wie
Morgenwolken ohne Eile, und niemals
endet eine Zeile.

Editorische Notiz

Die auf den vorausgegangenen Seiten angeführten Zitate aus Nabokovs Werk stammen in der großen Mehrzahl aus der im Rowohlt Verlag, Reinbek, erschienenen und von Dieter E. Zimmer herausgegebenen Werkausgabe. Ausgenommen davon sind allein Bücher, die von der Zimmerschen Edition bisher nicht neu verfügbar gemacht worden sind; in diesen Fällen wurde auf die alten Einzelausgaben zurückgegriffen. Von den literarischen Vorlesungen abgesehen, die im Verlag S. Fischer, Frankfurt am Main, herausgekommen sind, liegen auch hier alle Rechte beim Rowohlt Verlag.

Im großen und ganzen sind Abbildungen wie Zitate chronologisch geordnet. Gleichwohl ließ sich nicht für jede Photographie das genaue Datum der Aufnahme ermitteln, wie überhaupt eine gewisse Freiheit durch das Ziel gerechtfertigt schien, das Leben Nabokovs nicht nur so genau, sondern auch so vielfältig und so überraschungsreich zu erzählen, wie er selbst es gesehen hat – als ein Parallelogramm verschiedener Geschichten: einer bildlichen, einer biographischen, einer kommentierenden und einer fiktiven. Dabei war das Ziel maßgeblich, im Zusammenspiel des einen mit dem anderen die Facetten dieses Lebens wenigstens annäherungsweise deutlich zu machen.

Folgende Ausgaben wurden benutzt:

a) Vladimir Nabokov. *Gesammelte Werke*, hg. von Dieter E. Zimmer. Reinbek 1989 ff.
Band 1: *Maschenka*, übers. von Klaus Birkenhauer und Hanswilhelm Halfs. Reinbek 1991
Band 5: *Die Gabe*, mit einem Nachwort von Dieter E. Zimmer, übers. von Annelore Engel-Braunschmidt. Reinbek 1993
Band 6: *Das wahre Leben des Sebastian Knight*, übers. von Dieter E. Zimmer. Reinbek 1996
Band 7: *Das Bastardzeichen*, mit einem Vorwort von Vladimir Nabokov, übers. von Dieter E. Zimmer. Reinbek 1990
Band 9: *Pnin*, übers. von Dieter E. Zimmer. Reinbek 1994
Band 14: *Erzählungen 2: 1935–1951*, übers. von Renate Gerhardt, Jochen Neuberger und Dieter E. Zimmer. Reinbek 1989
Band 20: *Deutliche Worte. Interviews – Leserbriefe – Aufsätze*, übers. von Kurt Neff, Gabriele Forberg-Schneider und Dieter E. Zimmer. Reinbek 1993
Band 22: *Erinnerung, sprich*, übers. von Dieter E. Zimmer. Reinbek 1991
Band 23: *Briefwechsel mit Edmund Wilson. 1940–1971*, übers. von Eike Schönfeld und mit einem Essay von Simon Karlinsky. Reinbek 1995

b) Vladimir Nabokov. *Die Kunst des Lesens. Meisterwerke der europäischen Literatur*, hg. von Fredson Bowers, mit einem Vorwort von John Updike. Frankfurt am Main 1991

Zitatnachweis

c) englische Ausgaben
Poems and Problems. New York – Toronto 1970
Perepiska s sestroj (*Letters to a sister*), hg. von Helene Sikorski. Ann Arbor 1985
Selected Letters. 1940–1977, hgg. von Dmitri Nabokov u. a. San Diego u. a. 1989

d) russische Ausgaben
Grozd'. Stichi. Berlin (Gamajun) 1923

e) weitere Literatur
Brian Boyd. *Vladimir Nabokov.* Band 1: The Russian Years, Band 2: The American Years. Princeton 1990/1991
The Achievements of Vladimir Nabokov, hg. von George Gibian u. a. Ithaca 1984
TriQuarterly 17 (1970). For Vladimir Nabokov on his seventieth birthday

Die Ziffern vor dem Schrägstrich entsprechen den Seitenzahlen in diesem Buch, die Ziffern dahinter verweisen auf die Seitenzahlen in den zitierten Werken Nabokovs.

Maschenka: 50/108 f., 84/48 f., 97/88 f.

Die Gabe: 36/188 f., 64/187 f., 76/267, 85/592 f., 86/595, 89/596, 92/288, 95/315, 110/145 f., 170/290 f., 176/278, 194/503 f., 196/558, 199/20, 203/597

Das wahre Leben des Sebastian Knight: (Einband/110), 80/105, 173/108

Das Bastardzeichen: 6/15, 127/49

Pnin: 135/157, 142/65 f.

Erzählungen 2: 126/465

Deutliche Worte: 44/74 f., 88/298, 90/294 f., 112/51 f., 162/170, 168/48, 182/129, 185/54, 187/40 f., 191/23, 193/241, 197/29

Erinnerung, sprich: 8/374, 14/337 f., 16 f./12 f., 18/100, 23/63, 25/74, 47/292 f., 21/121, 24/207, 26/125, 28/91, 30/76 f., 31/336 f., 33/206 f., 35/49 f., 38/260, 40/34 f., 43/348 f., 45/114, 47, 48/293, 52/340, 54/364, 59/353 f., 61/366, 68/61, 69/37, 77/386 f., 78/375, 96/375, 98/376, 99/362, 100/405 f., 101/408, 102/409 f., 105/350, 108/376, 111/422, 171/403 f., 178/395 f., 183/167, 189/404 f.

Briefwechsel mit Edmund Wilson: 125/379 146/608 f.

Die Kunst des Lesens: 139/15

Poems and Problems: 130/159 f., 179/198

Selected Letters: 157/212 f.

Perepiska s sestroj: 133/22 f., 143/77

Grozd': 60/11

Brian Boyd: *Vladimir Nabokov* 67/192 f.

The Achievements of Vladimir Nabokov: 155/219 f.

TriQuarterly: 129/245, 141/236

Bildnachweis

Dmitri Nabokov Archive, Montreux, The Nabokov Estate 4, 15–17, 20–38, 40, 42–45, 47, 48–51, 53, 55, 59, 61–64, 68, 70f., 73, 76, 80–83, 85, 87–91, 93f., 98–102, 105, 107–111, 122f., 126f., 129, 136, 140f., 156, 159, 167, 178(li), 189f.

Bayerisches Fernsehen 2, 186, 197

Horst Tappe 7, 161, 166, 178, 180f., 183f., 188, 192, 195f.

Elena Sikorski 39, 104

Olin Library, Cornell University 41

Zentrales Staatsarchiv für Film- und Fotodokumentation St. Petersburg 46

Nabokov-Museum St. Petersburg 49

Trinity College, Cambridge University 58

Juri Ovsiannikov: *The Lubok: 17–18th Century Russian Broadsides*. Moscow 1968 60

Ullstein 65, 69, 77, 79, 84, 96f., 134

Bayerische Staatsbibliothek, München 66, 186

Annelore Engel 95

Gennady Barabtarlo 103

Gisèle Freund 106

Marc Riboud, Magnum Photos 113

Daniela Rippl 120, 138, 142f., 146f., 157

Carl Hanser Verlag 121

Wellesley College Archives 124, 128

Clayton Smith 130

Gedenkstätte des ehem. Konzentrationslagers Neuengamme 131

Robert Kelly, © Time Warner 1947 132

Carl Mydans, Life Magazine © Time Warner 151f.

Zsolt Bálint 135

Cornell University, Division of Rare and Manuscript Collections, Carl A. Kroch Library 137, 158

H. H. Lyon 139

Yale University Library, Beinecke Rare Book and Manuscript Library 144, 154f.

Olivier Vogelsang 148f.

Adrian Börner 164f., 202

Patellani, Milano 169

Philippe Halsman/Magnum, Focus 170

Philippe Halsman © Yvonne Halsman 173(li), 174, 177, 187, 198

Ever Foto 171, 172

Colin Sherbone, London 173(re)

Henry Grosman 175

Kurt Hoffmann 182

Library of Congress Collection 191

Claude Nabokov 201

Danksagung

Das »Schreibpapier« von Nabokovs Leben mit der »Lampe seiner Kunst« zu durchleuchten, darum geht es, mit einer Nabokovschen Formel gesprochen, in diesem Buch. Die Idee dazu entstand während der Lektüre des 1930 in Berlin geschriebenen Romans *Die Mutprobe*. Dort erzählt die Hauptperson Martin von einem Aquarell, das über dem Kinderbett hing; es zeigte einen dichten Wald mit gewundenem, sich im Dunkel der Bäume verlierendem Pfad. Und merkwürdig: In einem der Bücher, die ihm seine Mutter vorlas, gab es eine Geschichte, in der genau dieses Aquarell beschrieben wurde. Eines Tages verschwindet der kleine Junge, um den es in der Geschichte geht, in diesem Bild. »Immer wenn er als Jüngling an die Vergangenheit zurückdachte«, so der Erzähler, »fragte er sich, ob er nicht nachts wirklich vom Bett in das Bild gehopst sei, ob das nicht der Anfang der freudvollen und qualvollen Reise gewesen sei, zu der sein ganzes Leben wurde.«[1]

Eine »freudvolle und qualvolle Reise« nachzuerzählen – zu diesem Entschluß haben mehrere Nabokovianer beigetragen, denen ich zu Dank verpflichtet bin: der Herausgeber des Gesamtwerks Dieter E. Zimmer, der mir viele Male mit Rat zur Seite stand; Michael Maar, der das Manuskript las und mir den einen oder anderen Hinweis schenkte; Gavriel Shapiro, mit dem ich etliche literarische Spaziergänge durch »Nabokovs Ithaca« unternommen habe; Anita Albus, die mir den Autor aus der Sicht der Malerei näherbrachte; vor allem aber Dmitri Nabokov, der mir vertrauensvoll sein Archiv öffnete, mir unzählige kostbare Ratschläge gab, mir Mut machte und mir Trost in schwierigen Stunden spendete. Ohne seine großzügige Hilfe hätte dieses Buch nicht entstehen, meine Reise nicht zu Ende gebracht werden können.

Daniela Rippl
München, im August 1998

1 *Die Mutprobe*, in: *Gesammelte Werke*, Band II, S. 460 f.

Der Verlag dankt dem Rowohlt Verlag für die freundliche Genehmigung, die Zitate aus dem Werk Nabokovs abzudrucken

© 1998 Alexander Fest Verlag, Berlin
Alle Rechte vorbehalten,
auch das der photomechanischen Wiedergabe
Umschlaggestaltung: Ott + Stein, Berlin
Umschlagreproduktion: CitySatz & Nagel, Berlin
Buchgestaltung: sans serif, Berlin
Reproduktionen: Mega-Satz-Service, Berlin
Druck: Medialis Offsetdruck GmbH, Berlin
Bindung: Lüderitz & Bauer, Berlin
Printed in Germany 1998
ISBN 3-8286-0071-9